*Devaneios
do caminhante solitário*

FUNDAÇÃO EDITORA DA UNESP

Presidente do Conselho Curador
Mário Sérgio Vasconcelos

Diretor-Presidente / Publisher
Jézio Hernani Bomfim Gutierre

Superintendente Administrativo e Financeiro
William de Souza Agostinho

Conselho Editorial Acadêmico
Divino José da Silva
Luís Antônio Francisco de Souza
Marcelo dos Santos Pereira
Patricia Porchat Pereira da Silva Knudsen
Paulo Celso Moura
Ricardo D'Elia Matheus
Sandra Aparecida Ferreira
Tatiana Noronha de Souza
Trajano Sardenberg
Valéria dos Santos Guimarães

Editores-Adjuntos
Anderson Nobara
Leandro Rodrigues

JEAN-JACQUES ROUSSEAU

Devaneios do caminhante solitário

Tradução

Jacira de Freitas
Claudio A. Reis

© 2022 Editora Unesp

Título original: *Les rêveries du promeneur solitaire*

Direitos de publicação reservados à:
Fundação Editora da Unesp (FEU)
Praça da Sé, 108
01001-900 – São Paulo – SP
Tel.: (0xx11) 3242-7171
Fax: (0xx11) 3242-7172
www.editoraunesp.com.br
www.livrariaunesp.com.br
atendimento.editora@unesp.br

Dados Internacionais de Catalogação na Publicação (CIP) de acordo com ISBD
Elaborado por Vagner Rodolfo da Silva – CRB-8/9410

R864d

Rousseau, Jean-Jacques
    Devaneios do caminhante solitário / Jean-Jacques Rousseau; traduzido por Jacira de Freitas, Claudio A. Reis. – São Paulo: Editora Unesp, 2022.

    Tradução de: *Les rêveries du promeneur solitaire*
    Inclui bibliografia.
    ISBN: 978-65-5711-063-8

    1. Filosofia.   2. Jean-Jacques Rousseau.   I. Freitas, Jacira de. II. Reis, Claudio A.   III. Título.

2021-3293   CDD 100
                                                                                                                    CDU 1

Editora afiliada:

Sumário

Apresentação . 7
Jacira de Freitas

Devaneios do caminhante solitário

Primeira caminhada . *29*

Segunda caminhada . *39*

Terceira caminhada . *53*

Quarta caminhada . *71*

Quinta caminhada . *93*

Sexta caminhada . *107*

Sétima caminhada . *121*

Oitava caminhada . *141*

Nona caminhada . *157*

Décima caminhada . *175*

Apresentação

Jacira de Freitas

Esta edição, que traz ao público de língua portuguesa uma tradução de *Devaneios do caminhante solitário*, de Jean-Jacques Rousseau (1712-1778), apresenta esse texto inacabado sob a perspectiva de sua inserção no conjunto da obra do filósofo genebrino. Ela traz as circunstâncias em que a obra foi escrita, nos dois últimos anos de vida de Rousseau, além de conter os principais temas tratados e descrições da vida predominantemente solitária que ele vivia naquele período. Dentre os temas, talvez o que mereça maior destaque seja o do conhecimento de si como apaziguamento da alma, por traduzir o fim do processo daquele que chega, ao final de sua jornada, de posse de uma verdade: a apreensão de seu próprio percurso como processo de superação do ego narcísico exacerbado e sua dissolução na totalidade das experiências do mundo sensível, que o conduzem ao seu ser mais profundo, às puras sensações e às imagens que o circundam. A complexidade desse processo se explicita num duplo movimento. Ele é o mergulho no mais completo solipsismo e, ao mesmo tempo, movimento de abandono da pseudoindividualidade que, no decorrer de toda sua vida, o destitui de si mesmo, trazendo à sua percepção uma multiplicidade de detratores, inimigos reais ou imaginários, instituições sociais falhas de uma época marcada, no seu entender, pela decadência moral. O filósofo rebelde, que se crê incompreendido por seus contemporâneos, consagra as últimas linhas dessa obra aos devaneios de um espírito que se percebe mergulhado, para além dos limites do real, num sentimento de apenas existir.

O registro é, portanto, muito diferente daquele de *As confissões* ou dos *Diálogos*, ainda que sua condição deliberada de exilado não o preserve de visitas inconvenientes, e seus propósitos nem sempre confiáveis, por vezes, o levem a reportar-se ao grande complô.[1] Dessa vez, a impetuosidade juvenil de quem deseja, antes de mais nada, convencer que é amável e verdadeiro e a insistente indignação da maturidade cedem lugar ao anseio de apenas exteriorizar a possibilidade do acesso à unidade e à verdade. Podemos ascender a um novo patamar de existência, sem rivalidades, sem sofrimento, sem máscaras. Esse é o ponto de chegada de uma longa caminhada.

Durante toda sua vida, Rousseau foi um apaixonado por caminhadas. Seus longos passeios por bosques e regiões campestres são relatados em várias passagens, sobretudo nas obras autobiográficas. Ele não esconde que suas caminhadas trazem não somente disposição física e mental, mas suscitam também

---

1 A situação inicial que dá origem aos *Devaneios* é a animosidade contra Rousseau por parte de alguns de seus detratores. Essa animosidade ganha contornos dramáticos na imaginação inflamada do filósofo, que passa a acreditar na existência de um grande complô contra ele, e o leva a afastar-se dos antigos amigos, como Diderot, antes considerado praticamente um irmão. Esse fato o conduz a um estado de extremo isolamento e solidão.

Devaneios do caminhante solitário

o "prazer de viver". Simbolicamente, porém, elas refletem algo mais profundo, as jornadas de sua alma. Elas se desdobram em busca da compreensão de si e do todo, na ânsia de capturar a imensidão de coisas que povoam o universo humano. A escolha da palavra *rêveries*, traduzida em português por devaneios, para o título da obra, nada tem de casual. Marcel Raymond, na Introdução às *Rêveries*, inserida na coleção Pléiade, já indicava que se, na Idade Clássica, *rêver* correspondia a "pensar profundamente", com o tempo passou a significar certa "desordem do pensamento", como propõe Fontenelle em *Entretiens sur la pluralité des mondes*. Esse segundo sentido se mantém com pequenas variações no século XVIII e, com Rousseau, adquire contornos ainda mais expressivos, como "entorpecimento dos sentidos", para citar apenas um. Essa peculiar forma de "meditação"[2] traduz o estado de espírito que o filósofo procura obstinadamente descrever nos *Devaneios*, um estado capaz de nos retirar da dimensão da vida cotidiana e nos tornar, de certo modo, ausentes, desligados, ainda que por apenas alguns momentos, dos arroubos intelectuais de nosso espírito. Jean Wahl definiu de maneira precisa essa formulação, algo impensável para o racionalismo cartesiano: para Rousseau, eu sou porque mal penso, ou melhor, eu sou quando não penso.[3]

---

2 Rousseau usa livremente o termo *meditação*, pertencente por tradição ao léxico da devoção e da mística, assim como *contemplação* para caracterizar uma visão profunda do objeto que se quer conhecer.

3 "Nenhum filósofo está mais perto do sentimento de existência do que Rousseau. Ele nos descreve esses momentos em que sentimos com prazer nossa existência sem nos darmos ao trabalho de pensar. Como é cheia de variedade a filosofia francesa! Ela se fundara no pensamento de Descartes: ei-la que se funda num estado como

Jean-Jacques Rousseau

Esta tradução baseou-se na edição da Pléiade, que tem Introdução e notas de Marcel Raymond e reproduz o único manuscrito existente, conservado na Biblioteca de Neuchâtel, na Suíça, no qual as três últimas caminhadas encontram-se como rascunho. Trata-se de uma edição bastante fiel aos diversos manuscritos, inclusive porque houve a preocupação de estar conforme os princípios adotados pelas edições críticas, levando em conta a ortografia do autor (por exemplo, no caso de Rousseau, o uso de ortografias diferentes para uma mesma palavra). Isso não afeta diretamente o nosso trabalho de tradução para o português. No entanto, no que diz respeito à pontuação, não obstante suas particularidades e incongruências, procuramos adaptá-la às exigências da língua e, ao mesmo tempo, salvaguardar o significado mais fiel às ideias que se desejava exprimir.

Sobre a sequência dos textos manuscritos que se convencionou adotar, é preciso dizer que, nos manuscritos de Neuchâtel, Rousseau havia anotado à mão, na parte superior de cada página, a numeração em ordem sequencial, e é essa ordem que é aceita e adotada pelos principais comentadores. Um ponto a ser elucidado – e que talvez contribua para melhor compreensão da obra – é aquele sobre o período em que as "Caminhadas" foram escritas, já que podem ter sido concebidas e elaboradas em diferentes momentos da vida do filósofo, o que certamente traria consequências para sua interpretação. Essa elucidação é essencial para o trabalho dos intérpretes e, apesar dos debates

---

que estranho ao pensamento. 'Penso, logo existo', dizia Descartes. Mas, nesses estados que nos descreve Rousseau, eu sou porque mal penso, poder-se-ia dizer: porque não penso." (WAHL, p.66).

Devaneios do caminhante solitário

acerca desses períodos sempre virem à tona, aqui seguimos a linha proposta por Raymond.

A escrita dos *Devaneios* realiza-se em diferentes blocos, que refletem bem o momento de sua elaboração. Rousseau manteve um ritmo mais constante em sua escrita entre a primavera e o início do verão de 1777, de modo que as "Caminhadas" de número três a sete teriam sido redigidas num breve intervalo de tempo. De fato, essas duas estações do ano parecem sempre favorecer a produção intelectual de Rousseau, enquanto o outono e o inverno são os períodos nos quais o filósofo se ressente mais e sua saúde, em geral, fica bastante debilitada. De certo modo, como se trata também de um relato sobre seus dias, aquilo que está sendo registrado sofre interferência das circunstâncias externas à própria escrita. O primeiro indício da época em que poderiam ter sido escritos encontra-se na "Segunda caminhada", na qual Rousseau faz referência aos artigos do jornal *Courrier d'Avignon*, o que indicaria que ela foi elaborada no inverno de 1776-1777, já que não seria possível ter sido escrita antes de 20 de dezembro de 1776. Da "Terceira" à "Quinta" não há qualquer alusão que ajude a fixar com precisão o momento de sua elaboração. Mas o intervalo entre as caminhadas dois e seis leva a crer que poderiam ter sido concebidas entre janeiro e março de 1777. A "Sexta caminhada" traz duas pistas sobre o momento de sua redação: a primeira é a dedicação de Rousseau à botânica, e a segunda refere-se à menção das querelas da *L'Ermitage* (ocorridas em 1757) como eventos de vinte anos antes, levando a crer que esse texto teria sido elaborado na primavera de 1777. A indicação da idade do autor, que, à época havia completado 65 anos, permite concluir que a "Sétima caminhada" estaria sendo redigida pouco depois de 28 de junho de 1777, no início do verão. Quanto às três últimas caminhadas, pode-se afirmar que elas estão separadas das demais por aproximadamente cinco meses e que trazem indícios de que Rousseau estaria melancólico nesse período, de dezembro de 1777 a março de 1778. Isso quer dizer que a "Oitava caminhada" rompe com a tendência verificada anteriormente, tanto em relação ao ritmo da escrita, quanto aos conteúdos, já que seu estado de espírito sofre significativas alterações talvez por já se encontrar enfermo. Algumas indicações dão conta de que, durante o inverno de 1777, não apenas Rousseau adoece, como o estado de saúde de sua mulher também inspira cuidados. A hipótese defendida por Raymond é que a "Oitava" e "Nona" teriam sido compostas nas primeiras semanas do inverno de 1777-1778. De fato, no segundo parágrafo da "Nona caminhada", Rousseau afirma que havia apenas três dias que teve notícia da publicação de *Éloges de Madame Geoffrin*, de D'Alembert, o que revela que esse texto teria sido redigido em dezembro de 1777. Por fim, a "Décima caminhada" começa a ser elaborada no Domingo de Ramos, como se lê no próprio texto, isto é, em 12 de abril de 1778. Por essa época, esses escritos que irão compor os *Devaneios* começam a ser compilados, passando do formato de rascunho para o definitivo. Como boa parte do seu tempo passa a ser dedicado à herborização, Rousseau mostra-se apreensivo por não saber se conseguiria dar sequência à compilação de suas caminhadas e, de fato, isso acaba acontecendo. Ele não teve tempo de transcrever as três últimas, vindo a falecer antes de finalizar a tarefa, em 2 de julho de 1778.

Uma das questões que se pode suscitar em relação aos *Devaneios* diz respeito à estrutura da obra. É preciso determinar se a

Devaneios do caminhante solitário

ordem de exposição das caminhadas exprime uma unidade, uma estrutura de conjunto da obra, ou se, pelo contrário, cada uma encerra-se em si mesma. Não há propriamente um plano previamente estabelecido, mas um débil esboço,[4] até porque a elaboração da obra vai sendo construída ao sabor das experiências do presente e da reelaboração do vivido, que servem de ocasião para os "devaneios" que deles surgem espontaneamente, sem a rigidez do pensamento lógico-discursivo. As caminhadas não

---

4 De fato, há um esboço para uma obra futura, do que viria a ser os *Devaneios*, publicado no mesmo volume da edição da Pléiade (p.1.165). O texto é composto de trinta excertos. O primeiro inicia-se comparando a própria vida a um "longo devaneio dividido em capítulos pelas caminhadas de cada dia". Rousseau lamenta o enfraquecimento das suas faculdades e do arrefecimento da imaginação, pois sem ela os devaneios tornam-se mais frios. O segundo tópico parece ser uma extensão do primeiro, já que propõe uma reflexão sobre impressões puramente físicas, que não passam de sensações. Só podem produzir paixões, ou mesmo virtude, quando a impressão for profunda e se prolongar na alma, indo além da sensação; ou ainda, quando a vontade resiste ao prazer ou consente na dor. Segue-se uma reflexão, no próximo tópico, sobre a felicidade, seguido pela discussão sutil sobre a imortalidade da alma. O filósofo exprime o desejo de ter reconhecida sua inocência pelos seus perseguidores, critica aquela que chama de "geração tão soberba", e pontua as diferenças entre ele e os demais. A todo momento, o texto volta a falar sobre a ruptura do laço fraterno que os uniu, a situação em que se encontra e como pretende agir com seus adversários. O texto parece girar em círculos, ainda tendo como núcleo a questão do complô e a obsessão de provar suas qualidades. Bem diferente do tom adquirido pelos *Devaneios*, no qual a superação do antagonismo, que colocava Rousseau e seus contemporâneos em polos opostos, esse esboço é uma possibilidade levada a efeito pelo sentimento de existência.

se configuram em unidades separadas, mas estão entrelaçadas. Há diferentes movimentos no interior de cada uma, mas todas apontam numa mesma direção: a do olhar daquele que escreve sobre seu próprio percurso, e que escapa ao arrebatamento das paixões, como jamais ocorrera em qualquer das obras autobiográficas do autor. A experiência direta de si dos *Devaneios*, traduzida no sentimento de existência, é que vai dotar a obra de seu caráter propriamente filosófico. O sentimento de existência não diz respeito a uma subjetividade delimitada pela imaginação e suas ficções. Pelo contrário, ele resgata o ser perdido em suas ficções do mundo das aparências, em que predominam o *amor-próprio* e os desvios da *opinião*. No pensamento de Rousseau, recorrer às representações é ser retirado da harmonia da natureza, harmonia que é também da ordem divina. O sentimento de existência, como mostra Bento Prado Jr., é a mais pura expressão de uma experiência que possui alcance ontológico capaz de conduzir a alma à verdade, de modo que podemos falar de uma "mística--existencial" (PRADO JR, 2008, p.47). A consciência de si torna-se um sentimento, mas um sentimento capaz de conduzir a subjetividade em direção a algo maior: "em si mesmo ele [o sentimento] é uma espécie de Visão de Deus" (Ibid, p.48). Tese, aliás, já demonstrada por Pierre Burgelin, em *La Philosophie de l'existence de Jean-Jacques Rousseau* (1952, p.125). O "sentimento de existência" traduz, portanto, o núcleo desse pensamento e situa-se na confluência de dois temas que definem o âmbito da reflexão rousseauniana, isto é, a ordem e a existência. O primeiro orientado para uma filosofia da razão, enquanto o outro para a sensibilidade, traduzida na experiência direta do ser.

Devaneios do caminhante solitário

É preciso lembrar que o estatuto filosófico dos *Devaneios* de Rousseau passa a ser aceito pela tradição crítica a partir do momento em que a ideia de *sentimento de existência* adquire relevância, sobretudo com as célebres análises de Burgelin. É essa a noção que permite uma interpretação, hoje estabelecida, capaz de redimensionar o conjunto da obra (SALOMON-BAYET, 1967, p.16). Por esse motivo, não há dúvida de que se trata de uma obra filosófica. Obra em que assistimos uma dupla inversão: tanto da perspectiva cartesiana – na qual pensamento se identificava à existência –, como pela negação do método filosófico propriamente dito.

Na "Primeira caminhada", o método dos *Devaneios* é apresentado. Ele se resume a manter uma descrição fiel dos movimentos da alma suscitados durante as caminhadas, seguindo "sua inclinação sem resistência e sem constrangimento". Mas, esse método pretensamente descritivo introduz dificuldades, pois a imaginação com o passar dos anos, segundo o filósofo, perde sua vivacidade. Ela se concentra no passado em detrimento do futuro, e faz com que os devaneios trazidos pela memória sejam revividos. Essa rememoração interfere na descrição dos estados da alma, pois os devaneios secundários não somente se fundem aos originais, como se tornam ainda mais intensos, como nas memórias do devaneio da ilha de Saint-Pierre.

Não é o que eu faço, ao devanear que lá estou? Faço mais, inclusive: aos atrativos de um devaneio abstrato e monótono, acrescento imagens encantadoras que o vivificam. Muitas vezes em meus êxtases seus objetos se furtavam aos meus sentidos, enquanto agora, mais profundo o meu devaneio, mais intensamente são eles pintados. No mais das vezes, sinto-me mais em

Jean-Jacques Rousseau

meio a eles, e de maneira mais agradável, do que quando lá estava realmente. ("Quinta caminhada")

Ao analisar os *Devaneios* sob outro prisma, pode-se conceber um novo método, que, afastando-se da rigidez habitual do método filosófico, se delineia no esquadrinhamento da inter--relação que se estabelece entre a ordem e a existência, ou ainda, entre a razão e a sensibilidade, polos antagônicos presentes neste livro, que o conectam integralmente ao conjunto da obra rousseauniana. Esses dois polos delimitam o espaço em que se dá o embate entre o *amor-próprio narcisista* e o *sentimento de existência*.[5] De um lado, a percepção de si exacerbada pela vaidade, de outro, ausência de percepção, apenas o puro sentir. É esse o método que irá garantir a validade universal do conhecimento de si desse caminhante solitário, que declara a ruptura com o resto da humanidade. Assim, se, como pensa Rousseau, toda filosofia para ser verdadeira deve levar à felicidade, ele parece ter atingido o seu propósito.

Os *Devaneios* representam a cristalização do projeto, concebido pelo filósofo, muitos anos antes, em meados de 1752, que propunha estabelecer uma filosofia, a partir de crenças e verdades consideradas essenciais, que faziam eco ao projeto de reforma moral e intelectual, iniciada por ele por volta dos seus 40 anos. A formulação mais acabada desta filosofia en-

---

5 A questão é saber o que é esse *sentimento de existência*, ou, pelo menos, determinar se há similaridade entre ele e a felicidade. A resposta seria afirmativa se a felicidade for concebida como um sentimento de plenitude; mas concebida como uma ideia ou emoção, isto é, como um sentimento engendrado pelo concurso de nossas faculdades cognitivas, ela em nada se assemelha àquele.

contra-se em "A profissão de fé do vigário saboiano", inserida no Livro IV de *Emílio*, como se lê na "Terceira caminhada". Mas, essa filosofia revela-se também, sob outras formulações, no conjunto da obra rousseauniana (do *Discurso sobre a origem e os fundamentos da desigualdade entre os homens* à *Nova Heloísa*) por meio da crítica à alienação de si. No processo de socialização, o *amor de si* degenerado em *amor-próprio* conduz ao afastamento de nossa natureza interior. Passamos a viver numa outra dimensão, fora de nós, submetidos à *opinião* [*pública*], de tal modo que chegamos ao sentimento de nossa existência quase que somente pelo julgamento dos outros. Esta é, na verdade, a questão essencial. Na *Profissão de fé*, o vigário faz a seguinte indagação:

> Terei um sentimento próprio da minha existência, ou só a sinto por minhas sensações? Eis a minha primeira dúvida, que me é, no momento, impossível resolver. Pois sendo continuamente afetado pelas sensações, ou imediatamente, ou pela memória, como posso saber se o sentimento do "eu" é algo fora dessas mesmas sensações e que pode ser independente delas? (*Emílio*, Livro IV, tradução nossa)

A investigação prossegue, sem responder à questão, seguindo as demonstrações das *Meditações metafísicas* de Descartes. Mas aqui a afirmação da existência do *eu* e de outros seres, objetos de minhas sensações não nos é dada pelo entendimento. A resposta ao vigário estaria, segundo Georges Poulet (cf. Raymond, 1959, p.1.774), diluída no *Emílio* e no segundo *Discurso*, mas, nessa época, Jean-Jacques ainda não havia encontrado o sentimento de sua própria existência. É possível compreender agora a importância da distinção feita por Rousseau entre a sensibilidade física e a sensibilidade moral, também denominada "sentimento sensorial" ou, ainda, faculdade mista encarregada de inserir o *eu* no circuito universal.

Nesse sentido, por mais paradoxal que possa parecer, a solidão e sua condição de isolamento causada pela hostilidade contra ele é que irão, ao final, propiciar a Rousseau a ocasião para pleitear, de uma vez por todas, o acesso à verdade sobre si. Nas tentativas anteriores, relatadas em outras obras autobiográficas, o conhecimento de si se realizava por meio de operações mentais presididas pelo entendimento com seus encadeamentos lógicos e o uso de argumentos. Isso é inteiramente diferente do que ocorre agora. Desta vez, é por meio do *sentimento de existência*, pela e na experiência direta do ser, que a tarefa filosófica essencial se realiza. Em consequência, portanto, do solipsismo levado ao seu ponto mais extremo e dos devaneios que ele propicia. É por isso que o domínio dos devaneios se expande, suas possibilidades se multiplicam com Rousseau. Ele é essencial como ferramenta para o mergulho interior e se distingue inteiramente do arrebatamento proporcionado pela imaginação que possui um objeto. Quando a imaginação se exalta, criando ficções que superam os limites do real, temos, então, o país das quimeras, onde figuras femininas coexistem com o arrebatamento das paixões e a imagem de uma vida feliz, como na *Nova Heloísa*. Mas, no devaneio como aquele desfrutado por Rousseau na ilha de Saint-Pierre, quando deixa-se abandonar ao sabor do ritmo das águas de um lago, o objeto está ausente. Por serem efêmeros, os devaneios misturam-se, por vezes, às meditações. Seus limites são tênues, tanto podem terminar em meditações como as meditações podem terminar em devaneios. Mas, se a meditação supõe certa disciplina, o devaneio é divagação descompro-

Devaneios do caminhante solitário

missada e intimista, cujo movimento "vem do nosso interior".
A experiência direta do ser, aquilo que Rousseau chamou de *sentimento de existência*, só poderia se realizar plenamente por meio de seus devaneios.

Referências

Edições dos Devaneios
(*a partir da segunda metade do século XX*)

Les rêveries du promeneur solitaire. Edição crítica, publicada após os manuscritos autografados, de John S. Spink. Paris: M. Didier, 1948. v.LV.

Les rêveries du promeneur solitaire. Prefácio e notas de Henri Guillemin. Paris: Delmas, 1952.

Les rêveries du promeneur solitaire. Prefácio de Jean Guéhenno. Paris: Bibliothèque Mondiale, 1955. (Cahiers de la Bibliothèque Mondiale.)

Les rêveries du promeneur solitaire. Edição de Jean Grenier. Paris: Club du Meilleur Livre, 1958. v.XLII.

Les rêveries du promeneur solitaire. Introdução e notas de Henri Roddier. Paris: Garnier Frères, 1960. v.XCVIII.

Les rêveries du promeneur solitaire. Cronologia e prefácio de Jacques Voisine. Paris: Garnier-Flammarion, 1964.

Les rêveries du promeneur solitaire. Apresentação de Huguette Buovolo. Paris: M. Didier, 1964.

Les rêveries du promeneur solitaire, suivi de Mon portrait, Lettres à Malesherbes. Edição comentada por Samuel Silvestre de Sacy. Paris: Le Livre de Poche, 1965.

Les rêveries du promeneur solitaire. Edição comentada por Raymond Bernex. Paris: Classiques Bordas, 1966.

Les rêveries du promeneur solitaire. Paris: La Compagnie Typographique, 1970.

Les rêveries du promeneur solitaire. Introdução e comentários de Bernard Gagnebin. Paris: Le Livre de Poche, 1970.

Jean-Jacques Rousseau

Les rêveries du promeneur solitaire. Apresentação e notas de Madeleine-Marie Castex; ilustrações de Louis Sala. Paris, Imprimerie nationale, 1978. (Trésor des lettres françaises.)

Les rêveries du promeneur solitaire: Fac-simile du manuscrit original. Introdução de Marc Eigeldinger; notas de Frédéric S. Eigeldinger. Genève: Slatkine, 1978.

Les rêveries du promeneur solitaire. Prefácio e comentários Pierre Malandain. Paris: Presses-Pocket, 1991. (Lire et voir les classiques.)

Les rêveries du promeneur solitaire: texte intégral conforme à l'édition de 1782. Notas de Marc Bochet. Paris: Hachette, 1995. 2v.

Les rêveries du promeneur solitaire. Cronologia, apresentação, notas e dossiê de Érik Leborgne. Paris: Flammarion, 1997. (GF.)

Les rêveries du promeneur solitaire. Apresentação e notas de Michèle Crogiez. Paris: Librairie Générale Française, 2001. (Livre de poche.)

Les rêveries du promeneur solitaire suivies des Lettres à Malesherbes et d'un choix de textes sur la rêverie. Prefácio, notas e comentários de Robert Morrissey. Paris: Presses de l'Université de Paris Sorbonne, 2003.

Les rêveries du promeneur solitaire. Extratos e gravuras originais de Hans Erni. Genève: Bibliothèque de Genève; Patrick Cramer, 2008.

Les rêveries du promeneur solitaire. Extratos e reprodução das gravuras originais de Hans Erni; edição de Patrice Mugny. Genève: Bibliothèque de Genève; Patrick Cramer, 2008.

Les rêveries du promeneur solitaire. Edição crítica de Frédéric S. Eigeldinger. Paris: Honoré Champion, 2010.

Les rêveries du promeneur solitaire. Ilustrações de Giuseppe Penone. Paris: Éditions du Solstice, 2010.

Rêveries of the solitary Walker. Tradução para o inglês de Russell Goulbourne. Oxford: Oxford University Press, 2011. (Oxford World's Classics, v.XXXVI.)

La promenade au tournant des XVIIIe et XIXe siècles (Belgique, France, Angleterre). Edição de Christophe Loir e Laurent Turcot. Bruxelles: Éditions de l'Université de Bruxelles, 2011. (Études sur le dix-huitième siècle.)

Lectures des rêveries. Organização de Anne F. Garréta. Rennes: Presses Universitaires de Rennes, 1998.

Les rêveries du promeneur solitaire: Jean-Jacques Rousseau. Organização de Jean-Louis Tritter. Paris: Ellipses, 1997.

Œuvres complètes. Organização de Bernard Gagnebin e Marcel Raymond. Paris: Gallimard, 1959. (Bibliothèque de la Pléiade. t.1, p.993-1.097.)

Œuvres complètes. Edição comemorativa do tricentenário; organização de Frédéric S. Eigeldinger e Raymond Trousson. Genève; Paris: Slatkine; Champion, 2012. (Cartes à jouer, t.III, p.435-660.)

Rêveries sans fin: autour des Rêveries du promeneur solitaire. Organização de Michel Coz e François Jacob. Orléans: Paradigme, 1997.

Edições brasileiras

Os devaneios do caminhante solitário. Tradução de Fúlvia M. L. Moretto. São Paulo: Nova Alexandria, 2018.

Os devaneios do caminhante solitário. Tradução, introdução e notas de Laurent de Saes. São Paulo: Edipro, 2017.

Os devaneios do caminhante solitário. Tradução de Júlia da Rosa Simões. Porto Alegre: L&PM, 2008.

Estudos

AVERSA, G. A.; DOZOL, M. S. A força da natureza nos devaneios poéticos de Rousseau. *Arte e Filosofia*, n.25, p.201-15, dez., 2018.

BACZKO, B. *Rousseau*: solitude et communauté. Tradução do polonês Claire Brendel-Lamnhout. Paris: Mouton, La Haye, 1974.

BAYARD, P. Écriture et espace intérieur dans les *Rêveries*. *Littératures*, n.11, p.43-53, 1984.

BARGUILLET, F. *Rousseau ou l'illusion passionnée*: Les Rêveries du promeneur solitaire. Paris: PUF, 1991.

BONHOTE, N. J. *Jacques Rousseau*: vision et autobiographie. Lausanne: L'Âge d'Homme, 1992.

BURGELIN, P. *La philosophie de l'existence de Jean-Jacques Rousseau*. Paris: Presses Universitaires de France, 1952.

CAMMAGRE, G. Rousseau, dernières lettres et *Rêveries du promeneur solitaire*. In: FRANCALANZA, E. (Dir.). *Rousseau en toutes direct.* Rennes: Presses Universitaires de Rennes, 2014. p. 339-50. (Interférences.)

CASSIRER, E. Das Problem Jean-Jacques Rousseau. *Archiv für Geschichte der Philosophie*, v.41, n.3, p.479-513, 1933.

COTONI, M. H. Les images dans *Les rêveries du promeneur solitaire*. In: TRITTER, J.-L. (Org.). *Les rêveries du promeneur solitaire de Jean-Jacques Rousseau*. Paris: Ellipses, 1997. p.83-96.

COTONI, M. H. (2006) Quelques exemples de la dynamique de l'écriture dans *Les rêveries du promeneur solitaire*. In: GUION, B. et al. *Poétique de la pensée*: études sur l'âge classique et le siècle philosophique, en hommage à Jean Dagen. Paris: Champion, 2006. p.235-47.

CROGIEZ, M. *Solitude et méditation*: essai sur *Les rêveries* de Jean Jacques Rousseau. Paris: Champion, 1997.

_____. La première promenade des *Rêveries du promeneur solitaire*: invocation à la lecture ou Rousseau lecteur de lui-même. In: BÄHLER, U.; FRÖHLICHER, P.; ZÖLLNER, R. (eds.). *À quoi bon la littérature?* Réponses à travers les siècles, de Rabelais à Bonnefoy. Paris: Classiques Garnier, 2019. v.407, p.109-22. (Rencontres.)

DAVIS, M. *The autobiography of philosophy*. Rousseau's The Rêveries of the solitary walker. Oxford: Rowman & Litlefield, 1998.

DIDIER, B. *À l'extrême de l'écriture de soi*: les derniers textes autobiographiques de J.-J. Rousseau. Turin: Rosenberg & Sellier, 2020. (Biblioteca di Studi Francesi.)

EIGELDINGER, M. *Les Rêveries*: solitude et poésie. In: *Jean-Jacques Rousseau*: quatre études. Neuchâtel: La Baconnière, 1978. p.95-122.

FIGUEIREDO, Vinicius. O texto sem leitor. Nota a uma caminhada. *O que nos faz pensar*, n.22, nov. 2007.

FONTENELLE, Bernard de. *Entretiens surla pluralité des mondes*. Ed. Flammarion. Présentation par Cristophe Martin. Collection GF, 1998, 224 p.

FREITAS, J. A dimensão atemporal na reconstituição do homem: uma leitura dos *Devaneios do caminhante solitário* de J.-J. Rousseau. In: ENCONTRO ANPOF, 17., *Anais...* São Paulo: Anpof, 2017. p.180-99.

GOLDSCHMIDT, G. A. *Jean-Jacques Rousseau au l'esprit de solitude*. Paris: Phébus, 1978.

GOUHIER, H. *Les méditations métaphysiques de Jean-Jacques Rousseau*. Paris: Vrin, 1984.

GROSRICHARD, A.; JACOB F. Les revêries du promeneur solitaire, carte à jouer. *Annales Jean-Jacques Rousseau*, n.51, p. 183-90, 2013.

L'AMINOT, T. Quelques réflexions sur l'enfance dans *Les rêveries du promeneur solitaire*. *Op. cit.*, n.9, p.91-7, nov. 1997.

LARRÈRE, C. Jean-Jacques Rousseau: o retorno da natureza. *Cadernos de Ética e Filosofia Política*, v.2. n.21, p.13-30, 2012.

MASSEAU, D. *Le XVIIIe siècle*. Histoire, mémoire et rêve. Mélanges offerts à Jean Goulemot. Paris: Champion, 2006.

MARTIN, C. De rêveries en promenades: essai d'étude générique à partir des *Rêveries du promeneur solitaire*. In: O'NEAL, J. (Ed.). *The nature of Rousseau's* Rêveries Oxford: Voltaire Foundation; University Oxford, 2008. p.245-60.

MORETTO, F. M. L. Introdução. In: ROUSSEAU, Jean-Jacques. *Textos autobiográficos e outros escritos*. Tradução de Fúlvia M. L. Moretto. São Paulo: Editora Unesp, 2009.

MOSTEFAI, O. De Vincennes à Ménilmontant: promenade et projet autobiographique dans les *Rêveries du promeneur solitaire*. In: O'NEAL, J. (Ed.). *The nature of Rousseau's* Rêveries. Oxford: Voltaire Foundation; University Oxford, p.197-208, 2008.

NAUDIN, P. *L'expérience et le sentiment de la solitude de l'aube des Lumières à la Révolution*. Paris: PUF, 1995.

O'DEA, M. Correspondance et autobiographie: le cas des *Rêveries du promeneur solitaire*. *Revue d'histoire littéraire de la France*, n.4, p.550-8, 1997.

Jean-Jacques Rousseau

O'NEAL, J. C. Rousseau et ses lecteurs: stratégies narratives dans ses œuvres autobiographiques. In: BROUARD-ARENDS, I. (Ed.). *Lectures de Rousseau: Rousseau juge de Jean-Jacques. Dialogues.* Rennes: Presses Universitaires de Rennes, 2003.

OSMONT, R. Contribution à l'étude psychologique des *Rêveries du promeneur solitaire.* La vie du souvenir, le rythme lyrique. *Annales Jean-Jacques Rousseau,* n.23, p.7-135, 1934.

OSMONT, R. Symboles de la nature dans les *Rêveries* de Jean Jacques Rousseau. *Littératures,* n.11, p.31-42, 1984.

PISSARRA, M. C. P. P. Vagabundagem sonhadora e imagem de si. *Paralaxe,* v.7, n.1, p.132-43, 2020.

PETROVITCH, V. C. Rêver(rie) et Rousseau. In: PETROVITCH, V. C. *Connaissance et rêverie dans* Le discours des Lumières. New York: Peter Lang, 1996. p.143-83.

POLIN, R. *La politique de la solitude.* Paris: Sirey, 1976.

PRADO Jr., B. A retórica de Rousseau e outros ensaios. In: MATOS, F. (Org.). Tradução Cristina Prado. São Paulo: Cosac Naify, 2008.

RAYMOND, M. Introductions. In: ROUSSEAU, J.-J. *Les revêries du promeneur solitaire.* Paris: Gallimard, 1959. (Bibliothèque de la Pléiade.)

_____. *Jean-Jacques Rousseau, la quête de soi et la rêverie.* Paris: Corti, 1962.

_____. La rêverie selon Rousseau et son conditionnement historique. In: ROUSSEAU, J.-J. *Jean-Jacques Rousseau et son œuvre.* Paris: Klincksieck, 1964. p.74-94.

SALOMON-BAYET, C. *Jean-Jacques Rousseau ou l'impossible unité.* Paris: Seghers, 1967.

SIEMEK, A. La poétique des *Rêveries du promeneur solitaire.* In: *Voltaire et Rousseau en France et en Pologne.* Varsovie: Éditions l'Université de Varsovie, 1982. p. 213-21.

SILVA, F. L. Rousseau e os devaneios de um caminhante solitário. In: NOVAES, A. *Mutações:* elogio à preguiça. São Paulo: Edições Sesc São Paulo, 2012.

STAROBINSKI, J. *La transparence et l'obstacle.* Paris: Gallimard, 1971.

TOME, M. El universo de la *Rêverie* en Jean Jacques Rousseau. In: Alicia FERNÁNDEZ, Y.; VILAPLANA, M. B. (Coord.). *Narrative francesa en siglo XVIII.* Madrid: Uned, 1988. p.217-26.

TRIPET, A. *La rêverie littéraire*: essai sur Rousseau. Genève: Droz, 1979.

TROUSSON, R. *La marche à la gloire*. Paris: Tallandier, 1988.

TROUSSON, R. *Le deuil éclatant du bonheur*. Paris: Tallandier, 1989.

WAGNER, J. Mémoire et reconstruction d'une identité éclatée. Les *Rêveries* de Rousseau. In: MASSEAU, D. *Le XVIIIe siècle*. Histoire, mémoire et rêve. Mélanges offerts à. Jean Goulemot. Paris: Champion, 2006. p.61-77.

WAHL, Jean. *Tableau de la philosophie française*. Paris: Gallimard, 1962.

Estudos específicos sobre as Caminhadas

Primeira caminhada

GARAGNON, A. M. "Un événement aussi triste qu'imprévu": la genèse des *Rêveries du promeneur solitaire*. TRITTER, J.-L. (Org.). *Les rêveries du promeneur solitaire*: Jean-Jacques Rousseau. Paris: Ellipses, 1997. p. 8-18.

OSMONT, R. Un événement aussi triste qu'imprévu. *R. H. L. F.*, n.65, p.614-28, 1965.

Segunda caminhada

BERCHTOLD, J. Le carrosse et le jardinier: nature et dénaturation dans la deuxième Promenade. In: O'NEAL, J. (Ed.). *The nature of Rousseau's* Rêveries. Oxford: Voltaire Foundation; University Oxford, 2008. p.117-27.

BURT, E. S. Topographie de la mémoire dans les deuxième et septième Promenades de Rousseau. In: GARRÉTA, A. F. (Org.). *Lectures des* Rêveries, Rennes: Presses Universitaires Rennes, 1998. p.69-86.

MARTIN, P. Étude d'un fragment des *Rêveries* de Rousseau. *L'Information littéraire*, p.30-6, jan.-fev. 1985.

PARENT, M. Une aventure stylistique. Diversité et unité dans la seconde Promenade des *Rêveries*. *Neuphilologische Mitteilungen*, v.66, n.4, Helsinki, p.519-35, 1965.

WOLFF, E. Cardan, Rousseau et l'autobiographie. *EJJR*, n.11, p.269-76, 2000.

Jean-Jacques Rousseau

Terceira caminhada

GARRETTE, R. La phrase de Rousseau dans la troisième Promenade. In: TRITTER, J.-L. (Org.). *Les rêveries du promeneur solitaire de Jean--Jacques Rousseau*. Paris: Ellipses, 1997. p.110-30.

TROUSSON, R. Relire la troisième *Rêverie*: les mots et les mythes. *Études littéraires*, p.177-93, 1991.

Quarta caminhada

BELLEMIN-NOËL, J. Jean-Jacques Rousseau: *Les rêveries du promeneur solitaire*. Quatrième promenade. *Interligner*, t.2, p.119-47, 1999.

BURT, E. S. Regard for the other: embarrassment in the Quatrième promenade. *L'Esprit Créateur*, v.39, n.4, p.54-67, 1999.

COZ, M. Sur l'impératif de la vérité dans la Quatrième promenade. In: JACOT-GRAPA, C. et al. *Le travail des Lumières*: pour Georges Benrekassa. Paris: Champion, 2002. p.385-92.

DOMENECH, J. De la vérité à la fiction, de Plutarque au Tasse. A propos d'une citation du Tasse dans la quatrième promenade des *Rêveries du promeneur solitaire*. In : GUILLOT, R. *Aspects du lyrisme du XVIe au XVIIIe siécle*: Ronsard, Rousseau, Nerval. Nice: Sophia Antipolis, 1998. p.119-36.

GOUREVITCH, V. Rousseau on lying: a providential reading of the Fourth *Rêverie*. *The Berkshire Review*, n.15, p.93-107, 1980.

Quinta caminhada

JOUSSET P. Le style rousseauiste de la béatitude: l'épilogue de la cinquième promenade des *Rêveries*. *Poétique*, n.118, abr. 1999.

MARIN, L. La pratique-fiction utopie: à propos de la cinquième promenade des *Rêveries du promeneur solitaire* de Jean-Jacques Rousseau. In: RAULET, G. (Ed.). *Utopie-marxisme selon Ernst Bloch*. Paris: Payot, 1976, p.241-64.

WELLS, B. R. Rêve de la nature, nature du rêve. Essai sur la cinquième Promenade. *Romance Quarterly*, n.37, p.131-40, maio 1990.

Devaneios do caminhante solitário

Sexta caminhada

OSMONT, R. La composition de la sixième Promenade. ACTES DU COLLOQUE INTERNATIONAL DE NICE SUR ROUSSEAU ET VOLTAIRE. 1978, Nice. *Annales...* Genève; Paris: Slatkine, 1981. p.171-88.

STILL, J. Gyges' ring a reading of Rousseau's sixième promenade. In: STILL, J. *Justice and difference in the works of Rousseau. Bienfaisance and pudeur.* Cambridge: Cambridge University Press, 1993. p.108-30.

Sétima caminhada

COOK, A. The septième promenade of the *Rêveries* a peculiar account of Rousseau's botany. In: O'NEAL, J. (Ed.). *The nature of Rousseau's Rêveries.* Oxford: Voltaire Foundation; University Oxford, 2008.

DROUIN, J. M. Les herborisations d'un philosophe Rousseau et la botanique savante. In: BENSAUDE-VINCENT, B.; BERNARDI, B. (Coord.). *Rousseau et les sciences.* Paris: Harmattan, 2003.

GROSRICHARD, A. Je vais devenir plante moi-même un de ces matins. In: DUCOURTHIAL, G. *La botanique de Rousseau.* Paris: PUF; Fondation Martin Bodmer, 2012. p.11-30. (Sources.)

STAROBINSKI, J. Une fabrique dans le précipice. Montagne et rêverie chez Diderot et Rousseau. *La licorne,* n.16, p.115-25, 1989.

VISSIERE, I. Le monde dans un herbier (la septième *Rêverie du promeneur solitaire*). In: TRITTER, J.-L. (Org.). *Les rêveries du promeneur solitaire de Jean Jacques Rousseau.* Paris: Ellipses, 1997. p.97-108.

Nona caminhada

STAROBINSKI, J. Don fastueux et don pervers. Commentaire historique d'une *Rêverie* de Rousseau. *Annales. Économies, Sociétés, Civilisations,* v.41, n.1, p.7-26, 1986.

STAROBINSKI, J. Rousseau au miroir de Baudelaire: Les enfants effrayés. *Op. cit.,* n.9, p. 111-5, nov. 1997.

Jean-Jacques Rousseau

Décima caminhada

CLEMENT, P. P. Le texte-tabernacle: à propos de la dixième promenade de Jean-Jacques Rousseau. ACTES DU COLLOQUE INTERNATIONAL DE NICE SUR ROUSSEAU ET VOLTAIRE. 1978, Nice. *Annales...* Genève; Paris: Slatkine, 1981. p.366-80.

Primeira caminhada

Eis-me então sozinho sobre a terra, sem irmãos, parentes ou amigos, sem sociedade, tendo apenas a mim mesmo. O mais sociável e o mais afetuoso dos humanos foi proscrito por um acordo unânime dos que buscaram, nos refinamentos de seu ódio, que tormento poderia ser mais cruel à minha alma sensível, rompendo violentamente todos os laços que a eles me ligavam. Eu teria amado os homens apesar deles mesmos. Foi somente quando deixaram de ser homens que puderam se furtar à minha afeição. Ei-los, portanto, estranhos, desconhecidos, nulos afinal para mim, já que assim o quiseram. Mas eu, afastado deles e de tudo, o que sou? Eis o que me resta buscar. Infelizmente, essa busca deve ser precedida de um exame de minha posição. É uma ideia pela qual eu preciso necessariamente passar se quiser chegar deles até mim.

Encontro-me nessa estranha posição há mais de quinze anos, e, contudo, ela ainda me parece um sonho. Imagino sempre que é uma indigestão que me atormenta, que durmo e tenho pesadelos, e que acordarei aliviado de meu sofrimento, rodeado por meus amigos. Sim, sem dúvida devo ter dado, sem perceber, um salto da vigília ao sono, ou melhor, da vida à morte. Retirado, não sei como ao certo, da ordem das coisas, vi-me precipitado num caos incompreensível, no qual não percebo absolutamente nada; e, quanto mais penso em minha situação presente, menos posso compreender onde estou.

Oh! Como eu poderia prever o destino que me aguardava? Como posso concebê-lo ainda hoje, quando a ele estou entregue? Poderia supor, com meu bom senso, que um dia, eu, o mesmo homem que era, o mesmo que ainda sou, passaria, sem questionamento, por um monstro, um envenenador, um assassino? Que me tornaria o horror da raça humana, o joguete da canalha? Que a única saudação que me fariam os passantes seria cuspir em mim? Que uma geração inteira se divertiria, num acordo unânime, em enterrar-me vivo? Quando essa estranha revolução se fez, pego de surpresa, fiquei de início transtornado. Minhas agitações e minha indignação mergulharam-me num delírio que levou mais de dez anos para se acalmar. Nesse intervalo, caí de erro em erro, de falta em falta, de tolice em tolice, e, com minhas imprudências, forneci àqueles que dirigiam meu destino tantos instrumentos que habilmente empregaram para fixá-lo de maneira irreversível.

Durante muito tempo, debati-me de maneira tão violenta quanto inútil. Sem habilidade, sem arte, sem dissimulação, imprudente, franco, aberto, impaciente, arrebatado; debatendo-me, eu não fazia senão me enredar ainda mais, oferecendo-me a eles como presa, que eles souberam não negligenciar. Sentindo, enfim, que todos os meus esforços eram inúteis, atormentando-me em vão, tomei a única decisão que me restava, a de me submeter ao meu destino sem resistir à necessidade. Encontrei nessa resignação a compensação de todos os meus

Devaneios do caminhante solitário

males, pela tranquilidade que ela me proporcionava e por ser alheia ao trabalho incessante de uma resistência tão penosa quanto infrutífera. Outra coisa contribuiu para essa tranquilidade. Com todo o refinamento de seu ódio, meus algozes omitiram algo que sua animosidade os fez esquecer: graduar tão bem os efeitos, para que pudessem manter e renovar minhas dores, renovando seus ataques. Se tivessem tido a habilidade de me deixar algum lampejo de esperança, teriam mantido algum poder sobre mim. Poderiam, com alguma falsa armadilha, fazer de mim o seu joguete e, em seguida, afligir-me com um novo tormento pela expectativa frustrada. Mas esgotaram de antemão todos os seus recursos: não me deixaram nada, e eles mesmos se privaram de tudo. A difamação, a depressão, o escárnio, o opróbrio com os quais me cobriram não são mais suscetíveis de agravamento nem de atenuação; somos igualmente impotentes, eles de agravar suas ofensas, eu de me furtar a elas. Apressaram-se de tal maneira em levar minha miséria ao cúmulo, que nem mesmo toda a potência humana, auxiliada pelos ardis do inferno, teria algo a acrescentar a ela. A própria dor física, em vez de aumentar minhas penas, distrai-me delas. Ao arrancar-me gritos, talvez ela me poupe dos gemidos, e os dilaceramentos do meu corpo suspendam os do meu coração.

O que teria eu a temer, quando eles já fizeram tudo o que poderiam fazer? Incapazes de agravar o meu estado, não podem me alarmar. A inquietude e o pavor são males dos quais me livraram, e isso é sempre um alívio. Os males reais têm sobre mim um domínio exíguo; aceito facilmente os que experimento, mas não os que temo. Minha imaginação amedrontada os combina, examina, estende e aumenta. A expectativa por eles me atormenta cem vezes mais que sua presença, e a ameaça é mais terrível para mim do que o golpe. Assim que chegam, o acontecimento, tirando-lhes tudo o que tinham de imaginário, os reduz a seu justo valor. Eu os encontro então muito menores do que eram por mim imaginados e, mesmo em meio ao meu sofrimento, não deixo de me sentir aliviado. Nesse estado, liberto de todo novo temor e livre da inquietude da esperança, o hábito bastará para tornar mais suportável, no dia a dia, uma situação que não poderia ser pior; e, à medida que o sentimento é entorpecido pelo tempo, não restam meios para reanimá-lo. Eis o bem que me fizeram os meus perseguidores, ao esgotarem, de forma desmesurada, todos os traços de sua animosidade: perderam todo o poder sobre mim, e doravante posso zombar deles.

Ainda não faz dois meses que a plena calma se restabeleceu em meu coração. Havia muito tempo que eu nada mais temia, porém ainda esperava, e essa esperança, ora alimentada, ora frustrada, era um meio pelo qual mil paixões diversas não cessavam de me agitar. Um acontecimento tão triste quanto imprevisto veio enfim apagar de meu coração esse tênue fio de esperança, e me fez ver meu destino neste mundo fixado para sempre. Desde então, resignei-me sem reservas e reencontrei a paz.

Assim que comecei a entrever a trama em toda a sua extensão, abandonei para sempre a ideia de trazer de volta o público para o meu lado ainda em vida; o próprio retorno, não podendo mais ser recíproco, ser-me-ia inútil. Em vão, os homens voltariam a mim: não mais me reencontrariam. Com o desprezo que me inspiraram, relações com eles seriam doravante insípidas, um fardo mesmo, e sou cem vezes mais feliz em minha soli-

Devaneios do caminhante solitário

dão do que poderia ser vivendo com eles. Arrancaram de meu coração todas as doçuras da vida em sociedade. Elas não poderiam germinar de novo em minha idade, é tarde demais. Que me façam bem ou mal daqui por diante, tudo que vem deles me é indiferente, e, seja lá o que façam, meus contemporâneos sempre serão um nada para mim.

Mas eu ainda contava com o futuro e esperava que uma geração melhor, examinando bem os julgamentos feitos por meus contemporâneos sobre mim e sua conduta para comigo, pudesse discernir facilmente o artifício daqueles que a dirigem, e me visse enfim tal como sou. Foi essa esperança que me fez escrever meus *Diálogos*[1] e sugeriu mil loucas tentativas de fazê-los passar à posteridade. Essa esperança, ainda que longínqua, mantinha minha alma na mesma agitação de quando eu ainda procurava, em nosso século, um coração justo, e minhas esperanças em vão lançadas ao longe tornavam-me igualmente o joguete dos homens de hoje. Em meus *Diálogos*, eu disse sobre o que se fundava essa esperança. Mas estava enganado. Tive a felicidade de perceber isso a tempo de encontrar, ainda antes de minha última hora, um intervalo de plena quietude e repouso absoluto. Esse intervalo começou na época de que falo, e tenho motivo para crer que não será mais interrompido.

Poucos dias se passam sem que novas reflexões confirmem o quanto eu estava errado em contar com o retorno do público, mesmo em outra época, já que ele é conduzido, no que diz respeito a mim, por guias que se renovam sem cessar nas

---

1 O título completo da obra é *Rousseau juge de Jean-Jacques* [*Rousseau juiz de Jean-Jacques*], composta de três diálogos e escrita entre 1772 e 1776. (N. T.)

corporações que têm aversão à minha pessoa. Os particulares morrem, mas os corpos coletivos não. As mesmas paixões se perpetuam, e seu ódio ardente, imortal como o demônio que o inspira, tem sempre a mesma atividade. Quando todos os meus inimigos particulares estiverem mortos, os médicos e os oratorianos ainda viverão; e, quando eu só tiver como perseguidores essas duas corporações, terei a certeza de que não deixarão em paz minha memória após minha morte, assim como não me deixam em paz enquanto vivo. Talvez com o tempo, os médicos que eu realmente ofendi possam se acalmar. Mas os oratorianos, que eu amava, que estimava, em quem depositava toda confiança, e que jamais ofendi, estes, prelados e meio monges, serão para sempre implacáveis. Sua própria iniquidade constitui meu crime, que seu amor-próprio jamais perdoará, e o público, cuja animosidade terão o cuidado de entreter e reanimar continuamente, não se acalmará mais do que eles.

Tudo se acabou para mim nesta terra. Não se pode mais, aqui, me fazer o bem, nem o mal. Não me resta nada a esperar ou a temer neste mundo, eis-me tranquilo no fundo do abismo, pobre mortal desafortunado, porém impassível, como o próprio Deus.

Tudo o que vem de fora é, de agora em diante, estranho a mim. Não tenho mais, neste mundo, parentes, semelhantes ou irmãos. Encontro-me sobre a terra como em um planeta estranho, onde tivesse caído, vindo daquele que eu habitava. Se reconheço ao meu redor alguma coisa, são apenas objetos aflitivos e dilacerantes para o meu coração, e não posso lançar os olhos sobre o que me toca e rodeia sem encontrar algum motivo de desdém que me indigna ou de dor que me aflige. Afastemos então de meu espírito todos os objetos penosos,

Devaneios do caminhante solitário

dos quais me ocuparia de modo tão doloroso quanto inútil. Sozinho pelo resto de minha vida, já que só encontro em mim mesmo a consolação, a esperança e a paz, não devo nem quero mais me ocupar de outra coisa além de mim. Nesse estado, retomo a sequência do exame severo e sincero de outrora, a que chamei de minhas *Confissões*.[2] Consagro meus últimos dias a me estudar e preparar antecipadamente as contas que não tardarei a prestar sobre mim. Entreguemo-nos por inteiro à doçura de conversar com minha alma, já que é esse o único prazer que os homens não podem me tirar. Se, à força de refletir sobre minhas disposições interiores, consigo colocá-las em melhor ordem e corrigir o mal que aí pode restar, minhas meditações não terão sido inteiramente inúteis; e, ainda que eu não sirva para mais nada na terra, meus últimos dias não terão sido completamente em vão. As distrações de minhas caminhadas diárias foram preenchidas com frequência por contemplações encantadoras, das quais lamento ter perdido a lembrança. Fixarei por meio da escrita aquelas que ainda possam me ocorrer; e, a cada vez que as reler, restituirei o prazer que proporcionaram. Esquecerei meus infortúnios, meus algozes, meus opróbrios, ao pensar no prêmio que meu coração merecera.

Estas páginas não serão mais que um diário informe de meus devaneios. Nelas, haverá muito de mim, pois é inevitável que um solitário que reflete se ocupe bastante de si. De resto,

---

2 *As confissões*, primeira obra autobiográfica a ser concebida por Rousseau, teve sua primeira parte publicada em 1782, mas a resolução de trazer a público suas memórias ocorreu por volta de 1759. Antes de sua publicação, trechos da obra eram lidos em público pelo próprio autor, gerando polêmicas e, por vezes, alguns constrangimentos. (N. T.)

todas as ideias estranhas que passam pela minha cabeça ao caminhar encontrarão nelas igualmente o seu lugar. Direi o que pensei tal como me ocorreu e com tão pouco encadeamento quanto o que as ideias da véspera geralmente têm com as do dia seguinte. Mas, no estranho estado em que me encontro, um novo conhecimento de minha natureza e de meu humor resultará do conhecimento dos sentimentos e dos pensamentos de que meu espírito se alimenta diariamente. Estas páginas podem, portanto, ser consideradas um apêndice de minhas *Confissões*; mas não lhes atribuo o mesmo título, por sentir que não há mais nada a dizer que possa merecê-lo. Meu coração purificou-se na copela da adversidade, e, ao sondá-lo com cuidado, mal encontro nele algum resquício de inclinação repreensível. Que teria eu ainda a confessar, quando todas as afeições terrestres foram dele arrancadas? Não tenho mais motivos para me elogiar do que para me culpar; doravante, sou nulo entre os homens, e isso é tudo o que posso ser, pois não tenho mais com eles nenhuma relação real, nem de verdadeira sociedade. Como não posso mais fazer nenhum bem que não se torne um mal, e não posso mais agir sem prejudicar os outros ou a mim, a abstenção se tornou meu único dever, e o cumpro na medida em que me cabe fazê-lo. Mas, nessa ociosidade do corpo, minha alma permanece ativa. Ela continua a produzir sentimentos e pensamentos, e sua vida interior e moral parece ter sido intensificada com a morte de todo interesse terrestre e temporal. Meu corpo não é para mim nada além de um embaraço, um obstáculo, e desprendo-me dele de antemão, tanto quanto posso.

Uma situação tão singular merece seguramente ser examinada e descrita, e é a este exame que consagro meus últimos

Devaneios do caminhante solitário

lazeres. Para fazê-lo com êxito, seria preciso proceder com ordem e método, mas sou incapaz desse trabalho, que até me afastaria de minha meta, que é dar conta, para mim, das modificações de minha alma e de suas sucessões. Farei comigo, de certo modo, as operações que os físicos fazem com o ar para conhecer sua condição diária. Aplicarei o barômetro à minha alma, e essas operações, se bem dirigidas e amplamente repetidas, poderiam fornecer-me resultados tão seguros quanto os desses instrumentos. Mas não levarei minha empreitada a esse ponto. Contentar-me-ei em manter o registro das operações sem buscar reduzi-las a um sistema. Faço o mesmo que Montaigne, mas com uma meta totalmente oposta à dele, pois ele escrevia seus *Ensaios* apenas para os outros, e eu escrevo meus devaneios apenas para mim. Se, em meus últimos dias, próximo à partida, eu permanecer, como espero, com a mesma disposição em que estou, sua leitura me recordará a doçura que experimento ao escrevê-los, e fazendo renascer para mim o tempo passado, duplicará, por assim dizer, minha existência. Apesar dos homens, saberei apreciar o encanto da sociedade e viverei decrépito junto comigo, em outra idade, como viveria com um amigo menos idoso.

Escrevi minhas primeiras *Confissões* e meus *Diálogos* com uma preocupação constante acerca dos meios de subtraí-los às mãos ávidas de meus algozes, para transmiti-los, se possível, a outras gerações. Neste escrito, a mesma inquietação não me atormenta mais, sei que ela seria inútil, e, tendo sido apagado de meu coração o desejo de ser mais bem conhecido pelos homens, só resta nele uma indiferença profunda sobre a sorte de meus verdadeiros escritos e monumentos de minha inocência, que talvez já tenham sido todos para sempre aniquilados. Que espiem o que eu faço, que se inquietem com estas páginas, que delas se apoderem, que as suprimam, que as falsifiquem, doravante tudo isso é indiferente para mim. Não as escondo nem as mostro. Se as tiram de mim enquanto vivo, não me arrebatarão o prazer de tê-las escrito, a lembrança de seu conteúdo, tampouco as meditações solitárias das quais são o fruto, e cuja fonte só poderia se extinguir com minha alma. Se, desde as minhas primeiras calamidades, eu tivesse a sabedoria de não resistir ao meu destino e tivesse tomado a decisão que tomo hoje, todos os esforços dos homens, todas as suas pavorosas maquinações não teriam surtido efeito sobre mim, e eles não teriam perturbado meu repouso com as suas tramas, assim como não podem, doravante, perturbá-lo com seus êxitos; que fiquem à vontade para tirar proveito de meu opróbrio, nem por isso me impedirão de tirar proveito de minha inocência e de, apesar deles, terminar meus dias em paz.

Segunda caminhada

Tendo, portanto, concebido o projeto de descrever o estado habitual de minha alma a partir da mais estranha posição em que um mortal jamais poderia se encontrar, não vi nenhuma maneira mais simples e segura de executar essa tarefa do que manter um registro fiel de minhas caminhadas solitárias e dos devaneios que as preenchem, quando deixo minha cabeça inteiramente livre e minhas ideias seguem sua inclinação sem resistência e sem constrangimento. Essas horas de solidão e de meditação são as únicas do dia em que sou plenamente eu e me encontro comigo sem distração ou obstáculo, nas quais posso dizer, verdadeiramente, que sou o que a natureza quis que eu fosse.

Percebi rapidamente que demorara demais para executar esse projeto. Minha imaginação já não é tão viva e não se inflama mais como outrora na contemplação do objeto que a anima, inebrio-me menos com o delírio do devaneio; em suas produções, há mais reminiscências do que criação; um tépido langor enfraquece as minhas faculdades, o espírito vital se apaga em mim gradualmente; com dificuldade, a minha alma se projeta para fora de seu invólucro caduco, e não fosse a esperança de alcançar aquele estado ao qual aspiro, pois sinto que tenho direito a ele, eu só existiria pelas lembranças. Assim, se eu quiser me contemplar antes de meu declínio, terei de remontar pelo menos alguns anos, até o momento em que, tendo perdido toda esperança neste mundo, e não encontrando alimento para meu coração sobre a terra, aos poucos me acostumava a nutri-lo com sua própria substância e a buscar por seu alimento dentro de mim mesmo.

Esse recurso, que demorei para descobrir, tornou-se tão fecundo que logo se mostrou suficiente para me compensar de tudo o mais. O hábito de entrar em mim me fez perder, por fim, o sentimento e quase a lembrança de meus males; aprendi, assim, por minha própria experiência, que a fonte da verdadeira felicidade está em nós, e não depende dos homens tornar miserável aquele que quer ser feliz. Havia quatro ou cinco anos, eu experimentava habitualmente essas delícias internas que as almas ternas e doces encontram na contemplação. Esses arrebatamentos, esses êxtases que por vezes experimentava ao caminhar sozinho, eram prazeres que devia a meus algozes: sem eles, eu jamais teria encontrado ou sequer conhecido os tesouros que trazia dentro de mim. Em meio a tantas riquezas, como manter um registro fiel? Quando queria recordar tantos doces devaneios, em vez de descrevê-los, recaía neles. É um estado ao qual a lembrança deles reconduz, e que só pode ser conhecido quando é sentido.

Percebi isso nas caminhadas que se seguiram à ideia de escrever a sequência de minhas *Confissões*, sobretudo na que agora narro, quando um acidente imprevisto rompeu o fio de minhas ideias e deu-lhes, por algum tempo, um curso diferente.

Quinta-feira, 24 de outubro de 1776, caminhei pelos bulevares após o jantar até a rua do Chemin-Vert, pela qual cheguei às alturas de Ménilmontant, e, dali, tomando atalhos por vinhas

Devaneios do caminhante solitário

e campinas, segui até Charonne atravessando a vicejante paisagem que separa esses dois vilarejos,[1] depois fiz um desvio, com a intenção de retornar às mesmas campinas, por outro caminho. Eu me distraía percorrendo-as com o prazer e o interesse que sempre me proporcionaram as paisagens agradáveis, parando aqui e ali para me deter nas plantas que despontavam em meio à vegetação. Vi duas que raramente encontro nos arredores de Paris, mas que, segundo constatei, eram muito abundantes naquele cantão. Uma é a *Picris hieracioides*, da família das compostas, a outra é a *Bupleurum falcatum*, da umbelíferas. Essa descoberta alegrou-me e me distraiu por muito tempo, encerrando-se com a descoberta de uma planta ainda mais rara, sobretudo numa região elevada, a *Cerastium aquaticum*, que, malgrado o acidente que me ocorreria nesse mesmo dia, depois encontrei em um livro que tinha comigo e a depositei em meu herbário.

Por fim, depois de inspecionar detalhadamente várias outras plantas que via ainda em flor, cujo aspecto e designação me eram familiares, mas nem por isso me proporcionavam menos prazer, deixava pouco a pouco essas pequenas observações para abandonar-me à impressão, não menos agradável, porém mais tocante, que tudo isso em conjunto causava em mim. Há alguns dias terminara a vindima; os visitantes da cidade já haviam se retirado; os camponeses trocavam os campos pelos trabalhos de inverno. O prado, ainda verde e agradável, mas em parte desfolhado e já quase deserto, oferecia por toda parte a imagem da solidão e da aproximação do inverno. Resultava de seu aspecto uma mistura de impressões doces e tristes, tão análoga à minha

---

1 Utilizou-se "vilarejos" pois, embora com o crescimento de Paris aqueles bairros tenham sido incorporados à cidade, na época de Rousseau eram vilarejos separados. (N. T.)

41

Jean-Jacques Rousseau

idade e ao meu destino que é impossível não aplicá-la a mim. Eu me reconhecia no declínio de uma vida inocente e desafortunada, a alma ainda plena de sentimentos vivazes e o espírito ornado de algumas flores, porém já murchas de tristeza e ressequidas pelos desgostos. Sozinho e abandonado, eu sentia chegar o frio das primeiras geadas, e minha imaginação exaurida não mais povoava minha solidão com seres formados segundo meu coração. Dizia a mim, suspirando: o que fiz eu neste mundo? Fui feito para viver, e morro sem ter vivido. Pelo menos não foi minha culpa, e poderei levar, ao autor de meu ser, se não a oferenda das boas obras que não me deixaram fazer, ao menos um tributo de boas intenções frustradas, sentimentos saudáveis, embora inócuos, e uma paciência à prova dos desprezos dos homens. Eu me comovia com essas reflexões, recapitulava os movimentos de minha alma desde a juventude, passando pela da idade madura, quando me sequestraram da companhia dos homens, e chegando ao longo retiro em que devem acabar os meus dias. Voltava com complacência a todas as afeições de meu coração, às suas ligações tão ternas quanto cegas, às ideias menos tristes que consoladoras com as quais meu espírito nutria-se havia alguns anos, e preparava-me para recordá-las o suficiente para poder descrevê-las, se possível com um prazer quase igual àquele que tivera ao entregar-me a elas. A tarde passou em meio a essas calmas meditações, e eu retornava contente de minha perambulação quando, no auge de meu devaneio, dele fui retirado pelo evento que me resta contar.

Às seis horas, vinha descendo de Ménilmontant quando de repente, quase em frente ao Galant Jardinier,[2] as pessoas que

---

2 Marcel Raymond, nas notas à edição da Pléiade, explica tratar-se provavelmente de um cabaré. (N. T.)

42

Devaneios do caminhante solitário

caminhavam à minha frente afastaram-se bruscamente e vi atirar-se sobre mim um grande cão dinamarquês que, lançando-se velozmente na frente de uma carruagem, não teve tempo de parar sua corrida ou se desviar de mim. Julguei que a única maneira de evitar ser lançado por terra era dar um grande salto, tão preciso que o cão passasse por baixo de mim enquanto eu estivesse no ar. Essa ideia, mais rápida que o relâmpago, que não tive tempo de ponderar ou tampouco de executar, foi a última que me ocorreu antes do acidente. Não senti nem o golpe, nem a queda, nem nada do que se seguiu até o momento em que voltei a mim.

Era quase noite quando recuperei os sentidos. Estava nos braços de três ou quatro jovens que me contaram o que acabara de me acontecer. O cão dinamarquês não conseguira frear seu impulso, e, precipitando-se sobre minhas pernas, atingiu-me com sua massa e sua velocidade, e caí de cabeça: o maxilar superior suportou todo o peso de meu corpo e bateu numa pedra irregular do calçamento; a queda fora ainda mais violenta porque, como eu estava em uma ladeira, minha cabeça batera abaixo de meus pés. A carruagem a que o cão pertencia vinha logo atrás, e teria passado sobre meu corpo se o cocheiro não tivesse freado os cavalos imediatamente.

Eis o que fiquei sabendo pelo relato daqueles que haviam me socorrido e ainda me seguravam quando voltei a mim. O estado em que me encontrava naquele instante era singular e merece uma descrição.

A noite avançava. Vi o céu, umas poucas estrelas e alguma vegetação. Essa primeira sensação foi um momento delicioso. Por meio dela, eu sentia a mim mesmo. Nascia para a vida naquele instante, e parecia preencher, com minha tênue existência, todos os objetos que percebia. Imerso no presente, não me recordava de nada; não tinha nenhuma noção distinta do meu indivíduo, tampouco a menor ideia do que acabara de me acontecer; não sabia quem eu era, nem onde eu estava; não sentia dor, medo ou inquietação. Via correr o meu sangue, como teria visto correr um riacho, sem pensar que aquele sangue de algum modo era meu. Sentia em todo o meu ser uma calma maravilhosa, e, cada vez que a recordo, sou incapaz de encontrar algo comparável em qualquer um dos prazeres ativos conhecidos.[3]

Perguntaram onde eu morava; não soube dizer. Perguntei onde estava; "na Haute-Borne",[4] disseram-me; foi como se tivessem dito, "no monte Atlas". Tive de indagar sucessiva-

---

3 As impressões de Rousseau após o acidente já foram comparadas àquelas de Montaigne, após um desmaio devido a uma queda do cavalo (*Ensaios*, Livro II, cap.VI). Aqui reaparece o aspecto essencial do pensamento do filósofo genebrino: a dimensão adquirida pelas sensações. As sensações permitem a Rousseau a apreensão de sua existência em toda a plenitude, não importando se o acesso às próprias percepções sensoriais se dá por meio de um acidente ou da fruição de uma tarde preguiçosa no lago de Bienne. O vigário saboiano já enunciava o problema da apreensão de nossa própria existência quando indaga como saber se o sentimento do *eu* é alguma coisa fora de nossas sensações e se podemos ser independentes delas. O fenômeno da expansão do *eu* para além dos limites do corpo físico se dá por meio do sentimento sensorial, sensibilidade capaz de inserir o *eu* no circuito universal. É como se todas as coisas se tornassem "transparentes e penetráveis", como se emprestassem seu ser à existência do eu, "mas um eu ainda impessoal, e por assim dizer, cósmico". Esse *eu* tão sutil quanto expansivo, capaz de reinar até as estrelas, experimenta o sentimento de existência pelas sensações e jamais pela razão. (N. T.)

4 Nome de uma rua e de um bairro situado nas vizinhanças de Belleville. (N. T.)

mente em que país, em que cidade e em que bairro eu me encontrava. Isso não bastou para que eu me reconhecesse; tive de refazer o trajeto dali até o bulevar, e só então recordei meu domicílio e meu nome. Um senhor que eu não conhecia, e que teve a bondade de me acompanhar por algum tempo, ao saber que eu morava tão longe, aconselhou-me a tomar um fiacre no Templo,[5] para conduzir-me à minha casa. Eu caminhava muito bem, agilíssimo, sem sentir dor nem incômodo, ainda que cuspisse sangue durante todo o trajeto. Sentia um frio glacial muito desagradável, que me levava a bater meus dentes despedaçados. Ao chegar ao Templo, pensei que, como estava caminhando sem dificuldade, era melhor continuar meu caminho a pé do que me arriscar a morrer de frio em um fiacre. Fiz assim a meia légua entre o Templo e a rua Plâtrière,[6] caminhando sem dificuldade, evitando os obstáculos, os veículos, escolhendo e seguindo meu caminho tão bem como poderia tê-lo feito com perfeita saúde. Chego, abro a fechadura da porta da rua, subo a escada na escuridão e, por fim, entro em casa, sem outro acidente além de minha queda e suas consequências, das quais ainda não me dera conta.

Os gritos de minha mulher quando me viu mostraram-me que estava mais estropiado do que pensava. Dormi e passei a noite sem conhecer e sentir o meu mal. Eis o que senti e encontrei no dia seguinte. Tinha o lábio superior cortado por dentro

---

5 Não é possível saber se Rousseau referia-se ao bairro histórico de mesmo nome ou mais especificamente ao Carreau du Temple, mercado de grande circulação de pessoas. (N. T.)

6 Rua parisiense, atualmente denominada Jean-Jacques Rousseau em homenagem ao filósofo, que lá morou no entre 1770 e 1778. (N. T.)

até o nariz: por fora, a pele o protegera um pouco mais, impedindo que se rasgasse por completo; quatro dentes enterrados no maxilar superior, toda a parte do meu rosto que o cobre inchada e machucada ao extremo, o polegar direito deslocado e inchado, o polegar esquerdo gravemente ferido, o braço esquerdo deslocado, o joelho esquerdo, que uma contusão forte e dolorosa impedia de dobrar, também muito inchado. Mas, apesar de tudo, nada quebrado, nem mesmo um dente, felicidade que parece um prodígio numa queda como aquela.

Eis, relatada de modo muito fidedigno, o episódio do meu acidente. Em poucos dias, essa história espalhou-se por Paris, mas de forma tão alterada e desfigurada que se tornou impossível reconhecê-la. Eu deveria ter previsto essa metamorfose, mas tantas circunstâncias bizarras se somaram a ela, tantos propósitos obscuros e reticências a acompanharam, falavam-me dela com um ar tão risivelmente discreto, que todos esses mistérios me inquietaram. Sempre odiei as trevas, elas me inspiram naturalmente um horror que aquelas que me cercam há tantos anos não puderam diminuir. Entre todas as singularidades dessa época, assinalarei apenas uma, porém suficiente para julgar as demais.

O senhor Lenoir, tenente-geral da polícia, com quem jamais tivera qualquer relação, enviou seu secretário para informar-se da minha situação e me fazer insistentes ofertas de serviços, que, naquela circunstância, não me pareceram de grande utilidade para minha consolação. Seu secretário não deixou de insistir fortemente para que as aceitasse, chegando a dizer que, se não confiasse nele, poderia escrever diretamente ao senhor Lenoir. Essa insistência e o ar de confiança que a acompanhava deram a entender que havia ali um mistério, que em vão eu

Devaneios do caminhante solitário

buscava penetrar. Não era preciso mais do que isso para me amedrontar, sobretudo no estado de agitação em que meu acidente e a febre subsequente a ele haviam posto a minha cabeça. Deixava-me levar por mil conjecturas inquietantes e desoladoras, e o que acontecia à minha volta provocava comentários que atestavam o delírio da febre, não o sangue-frio de um homem que não se interessa por mais nada.

Outro acontecimento veio perturbar de vez a minha tranquilidade. Há alguns anos a senhora d'Ormoy havia me procurado, sem razão aparente. Presentinhos frívolos, visitas frequentes sem motivo e desinteressantes apontavam para um objetivo secreto que eu não saberia identificar. Ela mencionara um romance, que tinha a intenção de escrever e encaminhar à rainha.[7] De minha parte, dissera a ela o que penso de mulheres escritoras. Ela dera a entender que o projeto tinha o objetivo de restabelecer sua fortuna, e que, para tanto, precisava de um patrono. Permaneci em silêncio. Disse-me mais tarde que não tinha mais acesso à rainha, mas estava determinada a oferecer seu livro ao público. Não era o caso de lhe dar conselhos que ela não me pedia e que não teria seguido. Ela tinha falado em me mostrar antes o manuscrito. Insisti para que nada fizesse, e ela concordou.

Um belo dia, durante minha convalescença, recebi de sua parte o livro impresso e encadernado, e encontrei no prefácio elogios feitos a mim tão excessivos, tão lamentavelmente factícios e tão afetados, que senti uma impressão desagradável. A rude adulação que aí se via nunca esteve ligada à benevolência, e sobre isso o meu coração não poderia se enganar.

---

7 Charlotte Chaumet d'Ormoy (1732-1791). A obra em questão é o romance *Les malheurs de la jeune Émilie* (1776). (N. T.)

Alguns dias depois, a senhora d'Ormoy veio visitar-me com sua filha. Contou que seu livro causara grande alarde por causa de uma nota,[8] na qual eu mal havia reparado quando folheara o romance. Ela partiu, e eu reli essa passagem. Examinei sua construção e acreditei descobrir o motivo de suas visitas, de suas lisonjas, dos elogios desmesurados de seu prefácio; julguei por fim que seu único objetivo era levar o público a me atribuir a autoria daquela nota e, por conseguinte, dirigir-me a censura que, na circunstância em que era publicada, atrairia para seu autor.

Eu não tinha como destruir esse boato ou desfazer a impressão que ele poderia causar. A única coisa que dependia de mim era não o fomentar, tolerando a continuidade das vãs e ostensivas visitas da senhora d'Ormoy e de sua filha. Tendo isso em vista, eis o bilhete que escrevi à mãe:

"Rousseau agradece as gentilezas da senhora d'Ormoy, mas pede que não mais o honre com suas visitas, pois ele não mais recebe autores em sua casa."

Ela respondeu com uma carta formalmente correta, mas elaborada como todas as missivas que me foram enviadas em semelhantes situações. Eu apunhalara impiedosamente o seu delicado coração, e o tom de sua carta me levava a crer que ela nutriu por mim sentimentos tão vivos e verdadeiros, que não suportaria essa ruptura sem sucumbir a ela. A retidão e a franqueza são crimes terríveis neste mundo; e eu pareceria malvado

---

8 A nota que Rousseau menciona faz uma crítica à insensibilidade dos reis e dos nobres aos infortúnios dos pobres. O filósofo menciona o episódio também no segundo diálogo de *Rousseau juiz de Jean-Jacques*. (N. T.)

Devaneios do caminhante solitário

e feroz aos olhos de meus contemporâneos, mesmo que, em sua opinião, não tivesse cometido outro crime além de ter sido falso e pérfido como eles.

Muitas vezes eu saía, e até passeava com alguma frequência no jardim das Tulherias, onde vi, pelo espanto de várias pessoas que me encontravam, que corria alguma novidade a meu respeito que eu ignorava. Vim a saber, por fim, que o boato era que eu morrera com a queda, e isso se espalhou tão rapidamente e de forma tão obstinada que, quinze dias após ter sido informado dele, ainda era tido, pelos próprios rei e rainha, como uma coisa certa. Um correspondente teve o cuidado de me informar que o *Courrier d'Avignon*, ao anunciar essa feliz notícia, não deixou de se antecipar, na ocasião, os ultrajes e indignidades que estão sendo preparados em minha memória, a título de tributo, após a minha morte, em forma de oração fúnebre.

Essa notícia fez-se acompanhar de uma circunstância ainda mais singular, que descobri por acaso e da qual não pude saber nenhum detalhe. Fora aberta, ao mesmo tempo, uma subscrição para a impressão dos manuscritos que fossem encontrados em minha casa. Com isso, entendi que estava sendo preparada uma coletânea de escritos produzidos com a intenção explícita de serem atribuídos a mim e publicados logo após a minha morte. Pensar que qualquer um dos escritos que pudesse ser de fato encontrado fosse impresso de maneira fiel é uma tolice que não passaria pela cabeça de um homem sensato e precavido por quinze anos de experiência.

Essas observações, feitas uma após a outra, e seguidas de outras tantas não menos espantosas, sobressaltaram a minha imaginação, que eu acreditava amortecida; e essas lúgubres trevas, reforçadas sem descanso em torno de mim, reanimaram todo o horror que naturalmente me inspiram. Cansei de fazer mil comentários e de tentar compreender mistérios que se tornaram inexplicáveis para mim. O único resultado constante de tantos enigmas foi a confirmação de todas as minhas conclusões precedentes, ou seja, que pelo fato de o meu destino e a minha reputação terem sido fixados de comum acordo pela geração presente, nenhum esforço de minha parte poderia alterá-los, visto que estou impossibilitado de transmitir qualquer registro a outras épocas sem que passe, atualmente, por mãos interessadas em suprimi-lo.

Dessa vez, porém, fui mais longe. O acúmulo de tantas circunstâncias fortuitas que, por sorte, teriam favorecido a ascensão de meus inimigos, que agora governam o Estado, dirigem a opinião pública e ocupam cargos elevados, escolhidos a dedo entre os que nutrem por mim alguma animosidade e participam de um complô contra a minha pessoa, é um acordo universal extraordinário demais para ser meramente fortuito. Um único homem que tivesse se recusado a ser cúmplice, um único acontecimento que tivesse sido contrário, uma única circunstância imprevista que fizesse obstáculo bastaria para que esse complô malograsse. Mas todas as vontades, todas as fatalidades, a sorte e todas as reviravoltas consolidaram a obra dos homens, e uma convergência tão impressionante que parece um prodígio, não me deixam dúvidas de que seu pleno sucesso está escrito nos decretos eternos. Diversas observações particulares, tanto no passado quanto no presente, confirmam de tal modo essa opinião, que doravante não posso deixar de ver como um desses segredos do céu, impenetráveis à razão humana, a mesma obra que antes considerava como um fruto da maldade dos homens.

Devaneios do caminhante solitário

Essa ideia, longe de me parecer cruel e dolorosa, consola-me, tranquiliza-me e me ajuda a resignar-me. Não vou tão longe quanto Santo Agostinho, que teria se consolado da danação se fosse essa a vontade de Deus. Minha resignação vem de uma fonte menos desinteressada, é verdade, mas não menos pura e, na minha opinião, até mais digna do Ser perfeito que adoro. Deus é justo, ele quer que eu sofra e sabe que sou inocente. Eis o motivo de minha confiança: meu coração e minha razão gritam que ela não me enganará. Deixemos então os homens e o destino, aprendamos a sofrer sem lamúrias. Afinal, tudo deve retornar à ordem, e, cedo ou tarde, será chegada a minha vez.

Terceira caminhada

Torno-me velho aprendendo sempre.[1]

Sólon repetia com frequência, em sua velhice, esse verso.

Ele tem um sentido que eu também poderia estender à minha; mas é uma sabedoria bem triste, essa que a experiência impôs a mim ao longo de vinte anos: a ignorância é preferível a ela. Sem dúvida, a adversidade é uma grande mestra, mas ela cobra caro por suas lições, e em geral o proveito que se tem não vale o preço que custaram. Além disso, antes que tenhamos adquirido sabedoria com lições tão tardias, a oportunidade de usá-la passou. A juventude é a época de estudar a sabedoria, e a velhice, a de praticá-la. A experiência sempre instrui, reconheço; contudo, é proveitosa apenas para o que temos à nossa frente. No momento de morrer, haverá tempo de aprender como deveríamos ter vivido?

Oh, de que me servem luzes tão tardias e tão dolorosamente adquiridas acerca do meu destino e das paixões alheias, das

---

1 Plutarco, "Sólon", *Vidas Paralelas*. (N. T.)

quais ele é a obra? Aprendi a conhecer melhor os homens apenas para melhor sentir a miséria em que me mergulharam, sem que esse conhecimento, ao me revelar todas as armadilhas, tenha me permitido evitar alguma. Por que não permaneci para sempre nesta débil, porém doce confiança, que me tornou durante anos a presa e o joguete de meus ruidosos amigos, sem que tivesse a menor suspeita de todas as suas tramas? Eu era o enganado e a vítima, é verdade, mas acreditava ser amado por eles, e meu coração desfrutava da amizade que inspiravam, dedicando-lhes o mesmo. Essas doces ilusões foram destruídas. A triste verdade que o tempo e a razão desvelaram, ao me dar a sentir minha desgraça, mostrou-me que não havia remédio e que só me restava resignar-me. Por isso, as experiências da minha idade não têm, no meu estado, nenhuma utilidade presente ou proveito futuro.

Entramos na liça quando nascemos, dela saímos ao morrer. De que vale aprender a conduzir melhor o seu carro quando se está no fim da corrida? Só resta pensar em como deixá-la. O estudo de um velho, se é que ele ainda tem algum, consiste em aprender a morrer, e é justamente o que menos se faz na minha idade; pensa-se em tudo, menos nisso. Os velhos têm mais apego à vida que as crianças, e saem dela com mais má vontade que os jovens. Como todas as suas obras foram voltadas para a própria vida, veem ao final que trabalharam em vão. Todos os seus esforços, todos os seus bens, todos os frutos de suas laboriosas vigílias, tudo é deixado para trás quando partem. Não se preocuparam em adquirir durante a vida algo que pudessem levar na morte.

Pensei nisso quando era tempo de pensá-lo, e, se não soube tirar melhor proveito de minhas reflexões, não foi por não as ter feito a tempo e não as ter digerido bem. Desde a infância, atirado no turbilhão do mundo, aprendi, no momento certo, pela experiência, que não fora feito para nele viver e que, se ali permanecesse, nunca chegaria ao estado de que meu coração sentia necessidade. Deixando assim de buscar entre os homens a felicidade que sentia não poder encontrar ali, minha ardente imaginação saltava por sobre a extensão de minha vida recém-iniciada como sobre um terreno que me fosse estranho, para repousar em um assento tranquilo em que pudesse me acomodar.

Esse sentimento nutrido desde a minha infância pela educação, e reforçado, durante toda a minha vida, pelo longo encadeamento de misérias e infortúnios que a preencheu, levou-me, em todos os momentos, a buscar conhecer a natureza e a finalidade de meu ser com mais interesse e cuidado do que encontrei em qualquer outro homem. Vi muitos que filosofavam de maneira bem mais douta que eu, mas sua filosofia era, por assim dizer, estranha a eles mesmos. Querendo ser mais sábios que outros, estudavam o universo para saber como ele estava organizado da mesma forma que teriam estudado por pura curiosidade qualquer máquina que tivessem encontrado. Estudavam a natureza humana para poder falar dela com erudição, mas não para conhecê-la; trabalhavam para instruir os outros, mas não para se esclarecerem interiormente. Muitos dentre eles apenas queriam escrever um livro, não importava qual, contanto que fosse acolhido. Depois que o livro era publicado, seu conteúdo não lhes interessava mais, a não ser para fazê-lo ser adotado por outros e para defendê-lo em caso de ataque, mas, de resto, sem nada aproveitar para seu próprio uso, sem nem mesmo se preocupar se o conteúdo era falso ou verdadeiro, desde que não fosse refutado. Quanto a mim, quando desejei aprender, foi para eu mesmo saber e não para ensinar; sempre acreditei que antes de instruir os outros era preciso começar por saber o suficiente para si, e, de todos os estudos que fiz em minha vida em meio aos homens, não há quase nenhum que não poderia ter feito sozinho numa ilha deserta em que estivesse confinado pelo resto de meus dias. O que fazemos depende muito daquilo em que acreditamos, e, em tudo que não diz respeito às primeiras necessidades da natureza, nossas opiniões são a regra de nossas ações. Com base nesse princípio, que sempre adotei, procurei frequentemente e durante muito tempo direcionar minha vida e conhecer seu verdadeiro fim, mas logo me consolei por minha pouca aptidão para me conduzir com habilidade neste mundo, sentindo que não devia buscar nele tal fim.

Nascido numa família em que reinavam os bons costumes e a piedade, educado com doçura na casa de um pastor cheio de sabedoria e religião, recebi desde a mais tenra infância princípios e máximas, outros diriam preconceitos, que nunca me abandonaram por completo. Ainda criança, deixado a mim mesmo, atraído por agrados, seduzido pela vaidade, iludido pela esperança, forçado pela necessidade, tornei-me católico, mas sempre permaneci cristão, e logo, vencido pelo hábito, meu coração apegou-se sinceramente à minha nova religião. As instruções e os exemplos da senhora de Warens[2] consoli-

---

2 Louise Éléonore de La Tour, baronesa de Warens (1699-1762), da casa dos La Tour de Pil, nobre e antiga família de Vevay, cidade do cantão de Vaud. Casou-se muito jovem com o senhor de Warens, da casa de Loys, de Lausanne. O casamento não fora feliz, e Louise, aproveitando-se da estadia do rei Vitor Amadeu em Evian, abandona o marido e as terras para colocar-se sob a proteção do

Devaneios do caminhante solitário

daram esse apego. A solidão campestre, na qual passei a flor da minha juventude, o estudo dos bons livros, a que me entreguei inteiramente, reforçaram junto a ela minhas disposições naturais para os sentimentos afetuosos e me tornaram devoto quase à maneira de Fénelon.[3] A meditação no recolhimento, o estudo da natureza e a contemplação do universo forçam um solitário a elevar-se de maneira constante ao Autor das coisas e a procurar com uma doce inquietude a finalidade de tudo o que vê e a causa de tudo o que sente. Quando meu destino lançou-me novamente na torrente do mundo, não encontrei nada que, por um instante, pudesse deleitar meu coração. A nostalgia de meus doces lazeres seguiu-me por toda parte e lançou indiferença e aversão sobre tudo o que estivesse ao meu alcance e que pudesse levar à ventura e às honras. Incerto em meus inquietos desejos, pouco esperei, obtive menos ainda e senti, em lampejos de prosperidade, que, mesmo que tivesse obtido tudo que acreditava buscar, não teria encontrado a felicidade de que meu coração estava ávido, sem saber discernir seu objeto. Assim, tudo contribuía para desviar minhas afeições deste mundo, mesmo antes dos infortúnios que me tornariam totalmente estranho a ele. Cheguei aos 40 anos flutuando entre a indigência e a fortuna, entre a sabedoria e o erro, cheio de vícios induzidos pelo hábito, sem nenhuma má inclinação no

---

rei, passando a viver em Annecy, onde Rousseau irá conhecê-la. Em 1728, torna-se sua tutora, vindo a exercer grande influência sobre sua formação intelectual e espiritual, assim como em seu ingresso no mundo da música. (N. T.)

3 François de Salignac de la Mothe-Fénelon (1651-1715), filósofo e teólogo francês, conhecido como o Cisne de Cambrai e autor de *As aventuras de Telêmaco* (1699). (N. T.)

coração, vivendo ao acaso sem princípios bem definidos por minha razão e desatento aos meus deveres, sem desprezá-los, mas, na maioria das vezes, sem conhecê-los bem.

Desde a minha juventude, eu fixara a idade de 40 anos como o termo de meus esforços para triunfar e de minhas pretensões de todo tipo. Estava decidido, assim que atingisse essa idade, e em qualquer situação que fosse, a não mais me debater para dela sair e a passar o resto de meus dias vivendo cada um deles, sem me ocupar do futuro. Chegado o momento, executei esse projeto sem dificuldade e, ainda que meu destino parecesse querer assumir uma posição mais estável, renunciei a isso não apenas sem remorso, mas com verdadeiro prazer. Ao me libertar de todas essas armadilhas, de todas essas vãs esperanças, entreguei-me por completo à incúria e ao repouso do espírito que sempre foram meu interesse mais dominante e minha inclinação mais duradoura. Deixei o mundo e suas pompas, renunciei a todos os adornos; sem espada, sem relógio, sem meias brancas, enfeites dourados, penteados, com uma peruca bem simples, um traje de tecido rústico, e, melhor que tudo isso, extirpei de meu coração a cupidez e a cobiça, que dão valor a tudo que eu estava abandonando. Renunciei à posição que então ocupava, para a qual não estava apto, e passei a ser copista de música recebendo por página, ocupação pela qual sempre tivera um gosto manifesto.

Não limitei minha reforma pessoal às coisas externas. Senti que essa reforma exigia uma outra, sem dúvida mais penosa, porém mais necessária, relativa às opiniões, e, decidido a não ter que refazê-la, resolvi submeter meu interior a um exame severo, que o regulasse pelo resto de minha vida, da maneira como eu gostaria que ele se encontrasse na ocasião de minha morte.

Devaneios do caminhante solitário

Uma grande revolução acabara de ocorrer em mim, um mundo moral diferente se desvelava a meus olhos, os insensatos julgamentos dos homens que eu ainda não podia prever o quanto me vitimariam, mas cujo absurdo começava a perceber, a necessidade sempre crescente de outro bem que não a pretensa glória literária, cujas emanações mal haviam me atingido e já me desgostavam; o desejo, enfim, de traçar para o resto de minha carreira um caminho menos incerto do que aquele no qual eu passara a sua mais bela metade, tudo isso me obrigava a essa grande revisão de que há muito sentia necessidade. Iniciei-a, portanto, e não negligenciei nada do que dependia de mim para bem executar essa empreitada.

Posso datar dessa época minha total renúncia ao mundo e o gosto acentuado pela solidão que, desde então, não me abandonou. A obra que empreendia só podia ser executada em retiro absoluto; exigia longas e serenas meditações que o tumulto da sociedade não permitia. Isso me obrigou a levar por algum tempo outro modo de vida, no qual logo me senti tão bem que, tendo-o interrompido apenas à força e por poucos instantes, retomei-o com todo o meu coração e a ele me limitei sem dificuldade assim que pude. Quando, depois, fui forçado pelos homens a viver sozinho, descobri que, ao me isolarem para me tornar miserável, eles haviam feito mais por minha felicidade do que eu soubera fazer.

Entreguei-me ao trabalho que empreendera com um zelo proporcional à sua importância e à necessidade que dele sentia. Vivia com filósofos modernos que pouco se pareciam com os antigos: em vez de remover minhas dúvidas e fixar minhas irresoluções, haviam abalado todas as certezas de que acreditava ter sobre os pontos que mais me importavam conhecer; pois, como eram ardentes missionários do ateísmo e dogmáticos imperiosos, resistiam com fúria contra aquele que ousasse pensar de maneira diferente deles sobre qualquer tema que fosse.

Defendera-me muitas vezes bastante debilmente, por ódio à disputa e por pouco talento para sustentá-la; porém, nunca adotei sua desoladora doutrina, e essa resistência a homens tão intolerantes, que, aliás, tinham seus propósitos, não foi uma das menores causas que atiçaram sua animosidade.

Não me haviam persuadido, mas haviam me inquietado. Sem serem convincentes, seus argumentos haviam me abalado; não encontrava uma boa resposta a eles, mas sentia que ela deveria existir. Culpava-me menos por erro do que por inépcia, e meu coração lhes respondia melhor que minha razão.

Por fim, pensei: deixar-me-ei balançar eternamente pelos sofismas dos que falam melhor, sem estar seguro de que eles próprios aceitam as opiniões que pregam e que, com tanto ardor, exortam os outros a adotar? As paixões que governam sua doutrina e o interesse de dar crédito a esta ou aquela crença tornam impossível descobrir em que eles mesmos acreditam. Podemos encontrar boa-fé nos chefes de partido? Sua filosofia é para os outros; eu precisaria de uma para mim. Procuremo-la com todas as forças, enquanto ainda é tempo, a fim de ter uma regra fixa de conduta para o resto de meus dias. Eis-me na maturidade com toda a força do entendimento. Logo chegarei ao declínio. Se esperar, não terei mais, sob minha deliberação tardia, o uso de todas as minhas forças, minhas faculdades intelectuais terão perdido sua atividade; farei menos bem aquilo que hoje posso fazer da melhor forma possível: aproveitemos esse momento favorável, é a época de minha reforma externa e material, que seja também a de minha reforma intelectual e moral. Fixemos de uma vez por todas minhas opiniões, meus princípios, e sejamos para o resto da minha vida o que eu concluir dever ser após ter pensado bem sobre isso.

Executei esse projeto lentamente e muitas vezes, mas com todo o esforço e toda a atenção de que era capaz. Sentia vivamente que o repouso do resto dos meus dias e minha sorte dependiam disso. Encontrei-me, a princípio, em um tal labirinto de embaraços, dificuldades, objeções, tortuosidades e trevas que, vinte vezes tentado a abandonar tudo, cheguei perto de renunciar a buscas vãs para me ater em minhas deliberações às regras da prudência comum, sem procurá-las mais nos princípios que tivera tanta dificuldade em destrinchar. Mas essa mesma prudência era de tal modo estranha a mim, eu me sentia tão pouco apto a adquiri-la, que tomá-la por meu guia seria como querer encontrar, através dos mares e das tempestades, sem leme e sem bússola, um farol quase inacessível que não me indicaria porto algum.

Persisti. Pela primeira vez, tive coragem, e devo ao sucesso desse esforço ter conseguido suportar o horrível destino que começava a me envolver sem que eu tivesse a menor suspeita. Após as mais ardentes e sinceras buscas talvez jamais empreendidas por um mortal, decidi-me sobre todos os sentimentos que me importava ter por toda a minha vida, e, se me enganei quanto às minhas conclusões, ao menos estou certo de que meu erro não pode ser considerado um crime, pois fiz todos os esforços para evitá-lo. Não duvido, é verdade, que os preconceitos da infância e os desejos secretos de meu coração tenham feito pender a balança para o lado mais consolador.

Jean-Jacques Rousseau

Dificilmente deixamos de acreditar naquilo que desejamos com tanto ardor, e quem pode duvidar de que o interesse em admitir ou rejeitar os julgamentos da outra vida determine a fé da maior parte dos homens, com base em sua esperança ou seu medo? Admito que tudo isso fascinava meu julgamento, mas não alterava minha boa-fé, pois o que mais temia era me enganar. Se tudo consistia apenas no uso desta vida, era importante sabê-lo para, pelo menos, tirar o melhor proveito daquilo que dependesse de mim, enquanto ainda fosse tempo, e não ser enganado inteiramente. Mas, na disposição em que me encontrava, o que eu mais receava era comprometer o destino eterno de minha alma pela fruição dos bens deste mundo, que nunca me pareceram de grande valor.

Confesso ainda que nem sempre resolvi a meu contento todas as dificuldades que me haviam incomodado e com as quais nossos filósofos tantas vezes haviam martelado meus ouvidos. Porém, disposto a me decidir enfim a respeito de matérias sobre as quais a inteligência humana tem tão pouca influência, e encontrando, em toda a parte, mistérios impenetráveis e objeções insolúveis, adotei, em cada questão, o sentimento que me pareceu estabelecido de forma mais direta, o mais crível por si, sem me deter nas objeções que eu não podia resolver, mas que outras não menos fortes no sistema oposto retorquiam. O tom dogmático nessas matérias convém somente a charlatães; o que importa é ter um sentimento próprio e escolhê-lo com toda a maturidade de julgamento que se pode ter. Se, a despeito disso, cairmos no erro, não podemos ser penalizados, visto que não temos culpa alguma. Eis o princípio inabalável que serve de base à minha segurança.

Devaneios do caminhante solitário

O resultado de minhas penosas buscas foi mais ou menos o que registrei em *A profissão de fé do vigário saboiano*,[4] obra indignamente prostituída e profanada pela presente geração, mas que poderá levar a uma revolução entre os homens se algum dia o bom senso e a boa-fé renascerem entre eles.

Desde então, tendo permanecido tranquilo dentro dos princípios que havia adotado após uma meditação tão longa e refletida, tomei-os como a regra imutável de minha conduta e fé sem me inquietar mais com as objeções que não pudera resolver, nem com aquelas que não pudera prever e que se apresentavam novamente de tempos em tempos a meu espírito. Elas me inquietaram algumas vezes, mas nunca me abalaram. Sempre disse a mim mesmo: tudo isso são apenas argúcias e sutilezas metafísicas que não têm peso algum diante dos princípios fundamentais adotados por minha razão, confirmados por meu coração e que contêm o selo do assentimento interior no silêncio das paixões. Em matérias tão superiores ao entendimento humano, seria possível, com base numa objeção que não posso resolver, demolir todo um corpo de doutrina tão sólido, tão bem encadeado e formado com tanta meditação e cuidado, tão bem apropriado à minha razão, a meu coração, a todo o meu ser, e reforçado pelo assentimento interior que sinto faltar a todos os outros? Não, vãs argumentações jamais destruirão a conformidade que percebo entre minha natureza imortal e a constituição deste mundo e a ordem física que nele vejo reinar. Encontro na ordem moral correspondente, cujo sistema é o resultado de minhas pesquisas, o apoio de que preciso para suportar as misérias de minha vida. Em qualquer outro sistema, viveria sem recursos e morre-

---

4 Trecho de *Emílio*, Livro IV. (N. T.)

ria sem esperança. Seria a mais infeliz das criaturas. Agarremo-nos, portanto, ao único sistema que basta para me tornar feliz, a despeito do destino e dos homens.

Essa deliberação e a conclusão que dela extraí não parecem ditadas pelo próprio céu a fim de me preparar para o destino que me aguardava e me colocar em condições de suportá-lo? O que me teria tornado, o que me tornaria ainda, diante das abomináveis angústias que me esperavam e da inacreditável situação à qual estou reduzido para o resto de minha vida, se, permanecendo sem um refúgio onde pudesse escapar de meus implacáveis perseguidores, sem compensação pelos opróbrios que me fazem sofrer neste mundo, e sem esperança de obter algum dia a justiça que me era devida, eu me encontrasse inteiramente entregue ao mais horrível destino que um mortal jamais experimentou sobre a terra? Enquanto, tranquilo em minha inocência, eu só imaginava benevolência e estima por mim da parte dos homens, e meu coração aberto e confiante se expandia com amigos e irmãos, os traidores enlaçavam-me em silêncio com redes forjadas nas profundezas dos infernos. Surpreendido pelos mais imprevistos de todos os infortúnios, os mais terríveis para uma alma altiva, arrastado na lama sem nunca saber por quem nem por quê, mergulhado num abismo de ignomínia, envolto por horríveis trevas, através das quais só percebia sinistros objetos, à primeira surpresa fui derrubado, e jamais teria me recuperado do abatimento em que me lançou esse gênero imprevisto de desgraças se de antemão não tivesse poupado forças para me reerguer de minhas quedas.

Passados anos de agitação, quando enfim recuperei minha vida e comecei a voltar a mim, senti o valor dos recursos que arregimentara contra a adversidade. Decidido sobre todas as

Devaneios do caminhante solitário

coisas que importava julgar, vi, ao comparar minhas máximas à minha situação, que dava aos insensatos julgamentos dos homens e aos pequenos acontecimentos desta curta vida muito mais importância do que tinham. Se esta vida é apenas um estado de provações, pouco importava que elas fossem de tal ou tal espécie, contanto que resultassem no efeito a que estavam destinadas e, por isso, quanto maiores, mais fortes e múltiplas fossem as provações, mais vantajoso seria saber suportá-las. As penas mais intensas perdem força para quem quer que veja sua grande e segura compensação; e a certeza dessa compensação era o principal fruto que eu retirara de minhas meditações precedentes.

É verdade que, em meio a inúmeros ultrajes e às desmensuradas indignidades com que me sentia abatido por todos os lados, intervalos de inquietude e de dúvidas vinham de tempos em tempos abalar minha esperança e perturbar minha tranquilidade. As poderosas objeções que não pudera resolver se apresentavam, então, a meu espírito com mais força para me abater, precisamente nos momentos em que, sobrecarregado com o peso de meu destino, estava prestes a capitular. Muitas vezes, novos argumentos voltavam à minha mente para reforçar os que antes me haviam atormentado. Ah! Eu dizia então, com um aperto no coração prestes a me sufocar: quem me protegerá do desespero se, em meio ao horror de minha sorte, não vejo mais do que quimeras nas consolações fornecidas por minha razão? Se, ao destruir assim sua própria obra, ela destrói toda esperança e confiança que me haviam sido proporcionadas na adversidade? Que apoio esperar de ilusões mundanas que só me enganam? A geração presente vê apenas erros e preconceitos nos sentimentos com os quais eu me alimento; ela encontra a verdade, a evidência no sistema contrário ao meu e parece, até mesmo, não acreditar que o adoto de boa-fé; e eu, entregando-me ao meu sistema com toda boa vontade, encontro dificuldades insuperáveis, que não consigo resolver, mas que não me impedem de nele persistir. Seria eu o único sábio, o único esclarecido entre os mortais? Para acreditar que as coisas são assim, basta que me convenham? Posso confiar em aparências que nada têm de sólido aos olhos do resto dos homens e que até a mim pareceriam ilusórias se meu coração não sustentasse minha razão? Não teria sido melhor combater meus perseguidores com armas iguais, adotando suas máximas, do que ficar com as quimeras das minhas, atormentado por seus ataques, sem agir para repeli-los? Julgo-me sábio e não passo de um tolo, vítima e mártir de um erro vão.

Quantas vezes, nesses momentos de dúvida e incerteza, estive prestes a abandonar-me ao desespero! Se tivesse passado um mês inteiro nesse estado, teria sido o meu fim, e o de minha vida também. Mas essas crises, apesar de muito frequentes no passado, sempre foram breves, e, ainda que agora eu não esteja inteiramente livre delas, tornaram-se tão raras e passageiras que não têm a mesma força para perturbar meu repouso. São leves inquietações, que não afetam mais a minha alma, assim como a pluma que cai no rio não pode alterar o curso da água. Senti que deliberar sobre os mesmos pontos acerca dos quais me decidira antes seria supor que tivesse em mim novas luzes ou um juízo mais bem formado, ou, ainda, mais zelo pela verdade do que tivera quando de minhas investigações. Não sendo esse o meu caso, nem podendo sê-lo, eu não poderia preferir, por qualquer razão sólida, opiniões que, no abatimento do desespero, só me tentavam para aumentar minha miséria a sentimentos adotados no vigor da idade, em toda a maturidade do espírito, após o mais refletido exame, e numa época em que a calma de minha vida me permitia ter como único interesse dominante conhecer a verdade. Hoje, que meu coração está apertado de aflição, minha alma está abatida pelas adversidades, minha imaginação intimidada, minha mente perturbada por horríveis mistérios que me cercam; hoje, que as minhas faculdades, enfraquecidas pela velhice e pelas angústias, perderam toda a sua força, irei, sem mais, abandonar todos os recursos que consegui reunir, darei mais crédito à minha razão decadente, que me torna injustamente infeliz, do que à minha razão plena e vigorosa, que me livra dos males que sofro sem merecer? Não, não sou mais sábio, nem mais bem instruído, nem tenho mais boa-fé do que quando me decidi acerca dessas grandes questões. Não desconhecia então as dificuldades pelas quais hoje me deixo perturbar; elas não me detiveram e, se aparecerem outras, que não havia previsto, serão sofismas de uma sutil metafísica que não poderão abalar as verdades eternas admitidas em todos os tempos por todos os sábios, reconhecidas por todas as nações e gravadas no coração humano em caracteres indeléveis. Ao meditar sobre essas matérias, sabia que o entendimento humano circunscrito pelos sentidos não as podia abarcar em toda a sua extensão. Eu me ative, portanto, àquilo que estava ao meu alcance sem entrar no que o ultrapassava. Essa decisão era sensata; adotei-a outrora e me ative a ela com o assentimento de meu coração e de minha razão. Baseado em que fundamento renunciaria a essa decisão hoje, quando tantos poderosos motivos a ela devem me manter ligado? Que perigo vejo em segui-la? Que proveito teria em abandoná-la? Ao adotar a doutrina de meus perseguidores, adotaria também sua moral, essa moral sem raiz e sem fruto, que exibem de maneira pomposa em livros ou em alguma proeza teatral, sem que nada jamais penetre no coração ou na razão? Ou ainda, essa outra moral secreta e cruel, doutrina interior de todos os seus iniciados, à qual a outra serve apenas de máscara, a única que seguem em sua conduta e que com tanta habilidade praticaram em relação a mim? Essa moral, puramente ofensiva, não serve para a defesa e só é boa para a agressão. De que ela me serviria no estado a que me reduziram? Somente minha inocência me sustenta nas infelicidades; quão mais infeliz ainda me tornaria se, abandonando esse único e poderoso recurso, eu o substituísse pela maldade? Deveria eu igualar-me a eles na arte de prejudicar? E, mesmo que nisso fosse bem-sucedido, que conforto me daria o mal que lhes poderia fazer? Perderia minha própria estima e nada ganharia no lugar.

Foi assim que, raciocinando comigo, consegui evitar que meus princípios fossem abalados por argumentos capciosos, por objeções insolúveis e por dificuldades além do meu alcance e talvez até do espírito humano. Meu espírito, mantendo-se na mais estável posição que lhe pudera dar, acostumou-se tão bem a repousar ao abrigo de minha consciência que nenhuma doutrina externa, antiga ou nova, pode comovê-lo, nem perturbar por um instante meu descanso. Caído na apatia e no entorpecimento de espírito, esqueci os raciocínios sobre os quais fundava minha crença e minhas máximas, mas jamais esqueceria as conclusões que obtive com a aprovação de minha consciência e de minha razão, e a isso me atenho doravante. Que os filósofos venham tergiversar: perderão seu tempo e seus esforços. Eu me atenho, pelo resto de minha vida, em qualquer assunto, ao partido que tomei quando estive em melhores condições de escolher.

Devaneios do caminhante solitário

Reconfortado por essas resoluções, nelas encontro, orgulhoso de mim, a esperança e a consolação de que necessito em minha situação. É inevitável que uma solidão tão completa, tão permanente e tão triste em si, e a sempre sensível e sempre ativa animosidade de toda a geração atual, deixem-me abatido de vez em quando com as indignidades que me inflige o tempo todo; com a esperança abalada, as dúvidas desanimadoras retornam de tempos em tempos para perturbar minha alma e enchê-la de tristeza. É então que, incapaz de realizar as operações do espírito necessárias para me tranquilizar, tenho necessidade de lembrar de minhas antigas resoluções; os cuidados, a atenção, a sinceridade de coração que tive ao tomá-las voltam à minha lembrança e restituem toda a minha confiança. Recuso, assim, todas as novas ideias como erros funestos que têm apenas uma falsa aparência e que só servem para perturbar meu repouso.

Dessa forma, confinado na estreita esfera de meus antigos conhecimentos, não tenho, como Sólon, a felicidade de poder instruir-me a cada dia que envelheço, e devo mesmo proteger-me do perigoso orgulho de querer aprender o que doravante não tenho condições de saber. Contudo, se me resta pouca coisa a adquirir em termos de conhecimentos úteis, ainda me restam outras importantes a serem adquiridas no campo das virtudes necessárias a meu estado. Este seria o momento de enriquecer e ornar minha alma com bens que ela possa levar consigo quando, libertada deste corpo que a ofusca e cega, enxergando a verdade sem véu, ela perceberá a miséria de todos esses conhecimentos de que nossos falsos sábios tanto se envaidecem. Chorará pelos momentos perdidos nesta vida tentando adquiri-los. Mas a paciência, a doçura, a resignação, a integridade, a justiça imparcial, são bens que levamos conosco e com os quais podemos nos enriquecer incessantemente, sem temer que a própria morte nos faça perder seu valor. É a este único e útil estudo que consagro o que resta de minha velhice.

Ficarei feliz se, com meus progressos em relação a mim, aprender a sair da vida, não melhor, pois isso não é possível, porém mais virtuoso do que nela entrei.

Quarta caminhada

Dos poucos livros que ainda leio algumas vezes, Plutarco é o que mais me atrai e do qual tiro mais proveito. Foi a primeira leitura da minha infância, será a última da velhice; é quase o único autor que nunca li sem colher algum fruto. Anteontem, li, de suas obras morais, o tratado *Como tirar proveito de seus inimigos*. No mesmo dia, ao guardar algumas brochuras enviadas por autores, deparei com um dos jornais do abade Rosier,[1] em cujo título ele colocara as seguintes palavras: *Vitam vero impendenti*,[2] Rosier. Suficientemente familiarizado com o estilo desses senhores para não me deixar enganar nesse caso, entendi que, sob um ar de polidez, ele quisera fazer uma cruel ironia: mas baseado em quê? Por que o sarcasmo? Que motivo eu lhe

---

1 Abade François Rosier, membro da Academia Real de Lyon, responsável pela redação do *Jornal de Física e História Natural*, que trazia uma epígrafe das *Sátiras* de Juvenal (IV, 9), poeta satírico do Império Romano. (N. T.)

2 *Àquele que dedica sua vida à verdade.* Essa epígrafe é uma corruptela do lema que Rousseau adotara para si: *Vitam impendere vero (Dedicar sua vida à verdade)*, por isso sua reação. (N. T.)

Jean-Jacques Rousseau

teria dado? Para tirar proveito das lições do bom Plutarco, resolvi utilizar a caminhada do dia seguinte para examinar-me a propósito da mentira, e vi confirmada minha opinião de que o "conhece-te a ti mesmo" do templo de Delfos[3] não era uma máxima tão fácil de seguir quanto acreditara em minhas *Confissões*.

No dia seguinte, colocando-me em marcha para cumprir essa resolução, a primeira ideia que me veio à mente quando comecei a me concentrar foi uma terrível mentira contada em minha juventude[4] e cuja lembrança perturbou-me a vida inteira e que, em minha velhice, vem afligir ainda mais meu coração, já machucado de tantas outras maneiras. Essa mentira, que por si mesma foi um grande crime, ainda seria maior por suas consequências, que sempre ignorei, mas que o remorso me fez supor tão cruéis quanto possível. No entanto, considerando apenas a disposição em que me encontrava ao dizê-la, ela foi simples fruto do acanhamento, e longe de ter a intenção de prejudicar aquela que foi sua vítima, posso jurar perante os céus que, no próprio instante em que a invencível vergonha arrancou de mim essa mentira, teria dado todo o meu sangue com alegria para que seus efeitos recaíssem apenas sobre mim. É um de-

---

3 Referência à inscrição do templo de Apolo, em Delfos. A frase é uma das máximas de Delfos e foi inscrita no pátio do templo. Assim como Sócrates, que se inspirava nessa inscrição, Rousseau desejava tê-la como base de suas *Confissões*. (N. T.)

4 Ao final do Livro II das *Confissões*, Rousseau declara-se culpado de uma falta que o atormenta durante toda a vida: acusar de roubo uma pessoa inocente. O episódio acontece quando, aos 16 anos, rouba uma fita de sua patroa, a condessa de Vercellis, e acusa a jovem empregada Marion de tê-la roubado. Por vergonha de se desmentir, o jovem Jean-Jacques sustenta a mentira até o fim. (N. T.)

lírio que só posso explicar dizendo o que acredito sentir: que naquele momento minha natural timidez subjugou todos os desejos do meu coração.

A lembrança desse ato infeliz e os inextinguíveis remorsos que deixaram em mim inspiraram-me um horror pela mentira que preservou meu coração desse vício para o resto da vida. Quando escolhi meu lema, eu me sentia feito para merecê-lo, e não duvidei que dele fosse digno, até começar a me examinar com mais seriedade devido às palavras do abade Rosier.

Então, esquadrinhando-me com mais cuidado, fiquei bastante surpreso com o número de coisas de minha invenção que me lembrava ter dito como verdadeiras, ao mesmo tempo que, orgulhoso de meu amor pela verdade, sacrificava a esse orgulho minha segurança, meus interesses e minha pessoa com uma imparcialidade de que não conheço outro exemplo entre os homens.

O que mais me surpreendeu foi que, ao relembrar essas coisas inventadas, não senti nenhum verdadeiro arrependimento. Eu, que não tenho em meu coração nada que se compare ao horror que tenho pela falsidade, que enfrentaria suplícios, se fosse preciso, para evitar uma mentira, por qual estranha inconsequência menti assim espontaneamente sem necessidade, sem proveito, e por qual inconcebível contradição não sentia o menor pesar; eu, cujo remorso de uma mentira não deixou de afligir durante cinquenta anos? Jamais fiquei indiferente às minhas faltas; o instinto moral sempre me conduziu de maneira correta, minha consciência sempre manteve sua integridade original. Mas, mesmo que ela tivesse se alterado ao se dobrar aos meus interesses, como poderia perder sua retidão somente em coisas indiferentes, em que o vício não tem desculpa, e mantê-la em ocasiões em que, forçado por suas paixões, o homem pode ao menos desculpar-se por sua fraqueza? Vi que da solução desse problema dependia a exatidão do julgamento que devia fazer sobre mim mesmo e, depois de examiná-lo bem, eis de que maneira consegui explicá-lo.

Lembro-me de ter lido em um livro de filosofia que mentir é esconder uma verdade que deve ser manifestada. Segue-se dessa definição que calar uma verdade que não somos obrigados a dizer não é mentir. Mas, aquele que, em semelhante caso, não contente em não dizer a verdade, ainda diz o contrário, então está mentindo ou não? Segundo a definição, não se poderia dizer que ele mente, pois se dá dinheiro falso a um homem a quem nada deve, sem dúvida engana esse homem, mas não o rouba.

Apresentam-se aqui duas questões a serem examinadas, ambas muito importantes. A primeira, quando e como a verdade é devida a alguém, visto que nem sempre a devemos. A segunda, se existem casos em que podemos enganar inocentemente. Essa segunda questão já está resolvida, eu o sei bem: de maneira negativa, nos livros em que a moral mais austera não custa nada ao autor, e de maneira afirmativa, na sociedade em que a moral dos livros é considerada um palavrório impossível de ser colocado em prática. Deixemos de lado essas autoridades que se contradizem e procuremos resolver tais questões conforme nossos próprios princípios.

A verdade geral e abstrata é o mais precioso de todos os bens. Sem ela, o homem é cego; ela é o olho da razão. É por meio dela que o homem aprende a se conduzir, a ser o que deve ser, a fazer o que deve fazer e a dirigir-se para o seu verdadeiro fim. A verdade particular e individual nem sempre é um bem;

às vezes, pode ser um mal, mas, frequentemente é algo indiferente. As coisas que um homem deve saber com respeito à sua felicidade talvez não sejam numerosas; contudo, seja qual for o seu número, são um bem que lhe pertence, que ele tem o direito de reclamar onde quer que o encontre, e do qual não podemos privá-lo sem cometer o mais iníquo de todos os roubos, pois é um desses bens comuns a todos, cuja transmissão não priva aquele que o concede.

Quanto às verdades sem utilidade para a instrução ou para a prática, como poderiam ser um bem devido se sequer são um bem? Pois, se a propriedade está baseada apenas na utilidade, onde não há utilidade possível não pode haver propriedade. Pode-se reclamar um terreno estéril porque se pode ao menos habitar sobre o solo; mas que um fato inútil, indiferente sob todos os pontos de vista, e sem consequências para ninguém, seja verdadeiro ou falso, isso não interessa a quem quer que seja. Na ordem moral, nada é inútil, assim como na ordem física. Algo que não é bom para nada não pode ser devido a alguém. Para que uma coisa seja devida, é preciso que seja ou possa tornar-se útil. Assim, a verdade devida é aquela que interessa à justiça; é profanar o sagrado nome da verdade e aplicá-lo a coisas vãs, cuja existência é indiferente a todos, e cujo conhecimento é inútil. A verdade despojada de qualquer tipo de utilidade, mesmo se fosse possível, não pode, portanto, ser uma coisa devida, e, por isso, não mente aquele que se cala sobre ela ou a mascara.

Existiriam verdades tão perfeitamente estéreis a ponto de serem, em todos os aspectos, inúteis a todas as coisas? É outro tema a discutir, e ao qual voltarei adiante. Por ora, passemos à segunda questão.

Não dizer o que é verdadeiro e dizer o que é falso são duas coisas muito diferentes, que, no entanto, podem resultar no mesmo efeito, pois esse resultado é seguramente o mesmo todas as vezes em que esse efeito for nulo. Onde quer que a verdade seja indiferente, o erro contrário também é; donde se conclui que, em semelhantes casos, aquele que engana dizendo o contrário da verdade não é mais injusto do que aquele que engana não declarando a verdade, pois, de fato, nas verdades inúteis, o erro não é pior que a ignorância. Acreditar que a areia do fundo do mar é branca ou vermelha não é mais importante para mim do que ignorar de que cor ela é. Como podemos ser injustos se não prejudicamos ninguém, já que a injustiça somente consiste no malfeito a outrem?

Mas essas questões, assim resolvidas sumariamente, ainda não poderiam fornecer-me uma aplicação segura para a prática, sem os vários esclarecimentos prévios necessários para aplicar com exatidão a todos os casos que poderiam surgir. Se a obrigação de dizer a verdade está baseada apenas em sua utilidade, como tornar-me juiz dessa utilidade? Com muita frequência, a vantagem de um constitui o prejuízo do outro, o interesse particular está quase sempre em oposição ao interesse público. Como se conduzir em semelhante caso? É preciso sacrificar a utilidade do ausente à da pessoa a quem falamos? É preciso calar ou dizer a verdade que, sendo vantajosa para um, prejudica o outro? É preciso pesar tudo o que se deve dizer unicamente na balança do bem público ou da justiça distributiva, e estarei seguro de conhecer suficientemente todos os aspectos do fato para dizer o que sei apenas com base nas regras da equidade? Além disso, cada um examinando o que é devido aos outros,

Devaneios do caminhante solitário

examina também o que deve a si mesmo, o que é devido à verdade em si? Se não causo qualquer mal a outro, enganando-o, segue-se disso que não faço mal a mim? E bastaria nunca ser injusto para ser sempre inocente?

Quantas discussões embaraçosas, das quais seria fácil livrar-se dizendo: sejamos sempre verdadeiros, mesmo com todos os riscos! A justiça está na verdade das coisas; a mentira é sempre iniquidade, o erro é sempre impostura quando se coloca aquilo que não se é como regra do que se deve fazer ou crer. E sempre somos inocentes quando dizemos a verdade, seja qual for seu efeito, porque não colocamos nela nada de nosso.

Mas isso é pôr fim à questão sem resolvê-la. Não se tratava de deliberar se seria bom dizer sempre a verdade, mas se estamos igualmente obrigados a fazê-lo. E, supondo que não, com base na definição que eu examinava, tratava-se de distinguir os casos em que a verdade é rigorosamente devida daqueles em que podemos silenciá-la sem injustiça e disfarçá-la sem mentira, pois descobri que casos assim realmente existiam. Trata-se, portanto, de buscar uma regra segura para conhecê-los e determiná-los da forma correta.

Onde, porém, encontrar essa regra e a prova de sua infalibilidade? Sempre resolvi questões morais espinhosas como essa mais pelos ditames de minha consciência do que pelas luzes de minha razão. O instinto moral jamais me enganou: manteve intacta sua pureza em meu coração, o suficiente para que eu possa nele confiar; e, se algumas vezes, em minha conduta, ele se cala diante de minhas paixões, em minhas lembranças ele recupera seu domínio sobre elas. Por meio delas, julgo a mim com tanta severidade quanto serei julgado, talvez, pelo soberano juiz depois desta vida.

Julgar os discursos dos homens pelos efeitos que produzem é, muitas vezes, avaliá-los mal. Além de esses efeitos não serem sempre perceptíveis e fáceis de conhecer, eles variam ao infinito como as circunstâncias nas quais esses discursos são ditos. Mas é unicamente a intenção daquele que fala que determina o valor e o grau de malícia ou de bondade de seu discurso. Dizer uma falsidade é mentir apenas pela intenção de enganar, e a própria intenção de enganar, longe de estar sempre ligada à de prejudicar, às vezes tem um objetivo totalmente contrário. Porém, para tornar inocente uma mentira, não basta que a intenção de prejudicar não seja expressa; é preciso, além disso, a certeza de que a mentira lançada contra aqueles de que se fala não possa prejudicar, de forma alguma, nem a eles, nem a ninguém. É raro e difícil que se possa ter essa certeza; também é difícil e raro que uma mentira seja de todo inocente. Mentir para vantagem pessoal é impostura, mentir para vantagem de outra pessoa é fraude, mentir para prejudicar é calúnia, a pior espécie de mentira. Mentir sem proveito ou prejuízo para si ou para outrem não é mentir. Isso não é mentira, é ficção.

As ficções com um tema moral chamam-se apólogos ou fábulas e, como seu assunto deve conter somente verdades úteis sob formas sensíveis e agradáveis, quase não nos importa esconder a mentira dos fatos relatados, que é apenas a roupagem da verdade. Aquele que conta uma fábula apenas como uma fábula não está mentindo.

Existem outras ficções puramente inúteis, tais como são a maior parte dos contos e romances que, sem conter verdadeira instrução, têm por único objetivo o divertimento. Desprovidas de toda utilidade moral, só podem ser apreciadas pela intenção daquele que as inventa; quando contadas com convicção,

Devaneios do caminhante solitário

como se fossem verdades reais, não se pode negar que sejam autênticas mentiras. Mas quem alguma vez teve grandes escrúpulos com essas mentiras ou opôs grave censura aos que as contam? Se existe, por exemplo, algum objetivo moral em *O templo de Gnide*,[5] esse objetivo é ofuscado e deteriorado por detalhes voluptuosos e imagens lascivas. O que fez o autor para recobri-los com um verniz de modéstia? Fingiu que sua obra era a tradução de um manuscrito grego e inventou a história da descoberta desse manuscrito de maneira a persuadir seus leitores da verdade de seu relato. Se isso não é inequivocamente uma mentira, que me digam então o que é mentir. Todavia, quem considerou atribuir ao autor um crime por essa mentira, chamando-o de impostor?

Em vão, se dirá que isso não passa de uma brincadeira, que o autor, apesar de afirmá-lo, não queria persuadir ninguém, que de fato não persuadiu ninguém, e que o público em momento algum duvidou que ele fosse o autor da pretensa obra grega da qual se apresentava como tradutor. Responderei que semelhante brincadeira, sem propósito, não passou de uma infantilidade, que um mentiroso não mente menos quando afirma algo que não convence ninguém, que é preciso separar do público instruído a multidão de leitores simples e crédulos, a quem a história do manuscrito narrado por um autor severo, com ar de boa-fé realmente enganou, e que beberam sem medo, de uma taça em formato antigo, o veneno de que teriam ao menos desconfiado, se fosse oferecido num recipiente moderno.

Tais distinções, encontrem-se ou não nos livros, não deixam de ser feitas no coração de todo homem de boa-fé, que não se

---

5 Obra de Montesquieu publicada em 1725. (N. T.)

permite que sua consciência possa reprová-lo. Pois dizer algo falso para ganhar vantagem não é mentir menos que dizê-lo em prejuízo de outrem, ainda que a mentira seja menos criminosa. Dar vantagem a quem não deve recebê-la é perturbar a ordem da justiça; atribuir falsamente a si mesmo ou a outro um ato que pode resultar em louvor ou censura, acusação ou perdão, é cometer uma injustiça. Ora, tudo o que, contrário à verdade, fere a justiça de qualquer maneira que seja, é uma mentira. Eis o limite exato. E tudo o que, sendo contrário à verdade, não é de interesse da justiça não passa de ficção, e admito que quem quer que se acuse de mentiroso por causa de uma pura ficção tem a consciência mais delicada que a minha.

As chamadas mentiras obsequiosas são autênticas mentiras, pois enganar por interesse, seja esse interesse próprio ou alheio, não é menos injusto que enganar para prejudicar. Desde que se trate de uma pessoa real, quem quer que faça elogios ou censura contra a verdade, mente. Quando se trata de um ser imaginário, ele pode dizer tudo o que quiser sem mentir, a menos que julgue a moralidade dos fatos que inventa, e que julgue com falsidade. Pois, então, se não mente quanto ao fato, mente contra a verdade moral, cem vezes mais respeitável que a dos fatos.

Conheci pessoas que são consideradas verazes pela sociedade. Toda a sua veracidade se resume, em conversas inúteis, a citar fielmente lugares, datas, pessoas, sem ficções, sem enfeites, sem exageros. Tudo o que não toca seu interesse é da mais inviolável fidelidade em suas narrativas. Mas, quando se trata de um assunto que lhes diz respeito, de narrar algum fato que lhes toca mais de perto, todas as cores são empregadas para apresentar as coisas sob a luz que lhes é mais vantajosa; e, se a mentira lhes é útil, e elas mesmas se abstêm de dizê-la, habil-

Devaneios do caminhante solitário

mente a encorajam, de tal modo que a mentira passa a ser adotada sem que possa ser-lhes imputada. Isso deseja a prudência; adeus à veracidade.

O homem que chamo de veraz faz exatamente o contrário. Em coisas de todo indiferentes, a verdade que aquele outro respeita tão estritamente pouco lhe importa, e ele terá pouco escrúpulo em divertir uma companhia com fatos inventados dos quais não resulta nenhum julgamento injusto, nem contra nem a favor de quem quer que seja, vivo ou morto. Mas todo discurso que cause proveito ou dano a alguém, estima ou desprezo, elogio ou censura contra a justiça e a verdade, é uma mentira que jamais se aproximará de seu coração, de sua boca ou de sua pena. Ele é solidamente *verdadeiro*, mesmo contra seus interesses, ainda que pouco se orgulhe de sê-lo nas conversas sem importância. É *verdadeiro*, tendo em vista que não procura enganar ninguém; é fiel tanto à verdade que o acusa quanto àquela que o honra, e nunca engana para se beneficiar ou para prejudicar seu inimigo. A diferença, portanto, que há entre o meu homem *veraz* e o da sociedade é que este último é rigorosamente fiel a toda verdade que nada lhe custe, mas não além dela, enquanto o meu nunca a serve com tanta fidelidade como quando precisa se sacrificar por ela.

Mas, diriam, como conciliar essa maleabilidade com o ardente amor pela verdade com que eu o glorifico? Esse amor é falso, já que sofre tanta mistura? Não, ele é puro e verdadeiro, mas é apenas uma emanação do amor pela justiça, e jamais quer ser falso, ainda que seja muitas vezes uma fábula. Justiça e verdade são, em seu espírito, duas palavras sinônimas, tomadas uma pela outra indiferentemente. A santa verdade que seu coração adora não consiste em fatos indiferentes e nomes inúteis, mas em atribuir fielmente a cada um o que lhe é devido nas coisas verdadeiramente suas, boas ou más imputações, retribuições de honra ou censura, de louvor ou repreensão. Ele não é falso nem com os demais, porque sua equidade o impede, e ele não quer prejudicar ninguém injustamente, nem por seu próprio interesse, porque sua consciência o impede e porque não poderia se apropriar daquilo que não é seu. É sobretudo de sua própria estima que ele é cioso; ela é o bem de que menos poderia se abster e sentiria uma perda real em adquirir a estima dos outros à custa desse bem. Ele mentirá, então, algumas vezes em situações indiferentes, sem escrúpulos e sem acreditar mentir, jamais para dano ou proveito de outrem, nem de si. Em tudo o que diz respeito às verdades históricas, em tudo o que se refere à conduta dos homens, à justiça, à sociabilidade, às luzes úteis, ele defenderá do erro, tanto quanto depender dele, a si e aos outros. Toda mentira para além disso, segundo ele, não é mentira. Se *O templo de Gnide* é uma obra útil, a história do manuscrito grego não passa de uma ficção bastante inocente; seria uma mentira imputável se a obra fosse perigosa.

Tais foram minhas regras de consciência sobre a mentira e a verdade. Meu coração as seguia maquinalmente antes que minha razão as tivesse adotado, e o instinto moral sozinho as aplicava. A mentira criminosa de que a pobre Marion foi vítima deixou-me indeléveis remorsos, que preservaram o resto de minha vida não apenas de mentiras desse tipo como de todas aquelas que, de alguma maneira, pudessem atingir o interesse e a reputação dos outros. Ao generalizar assim a exclusão, eu me eximi de determinar exatamente a vantagem e o prejuízo, de marcar os limites precisos entre a mentira nociva e a mentira obsequiosa; ao considerar ambas condenáveis, proibi-me das duas.

Devaneios do caminhante solitário

Nisso, assim como em todo o resto, meu temperamento influenciou sobremaneira minhas máximas, ou melhor, meus hábitos; pois pouco agi segundo regras e pouco segui outras regras que não fossem meus impulsos naturais. Nunca uma mentira premeditada se aproximou de meu pensamento, nunca menti por interesse próprio, mas muitas vezes menti por vergonha, para livrar-me de embaraços em coisas sem importância ou que só interessavam a mim, quando numa conversa a lentidão de minhas ideias e a aridez de minha fala me obrigavam a recorrer às ficções para ter algo a dizer. Quando é absolutamente necessário falar e verdades divertidas não se apresentam prontamente a meu espírito, conto fábulas para não ficar mudo, mas tenho o máximo de cuidado para que não sejam mentiras, isto é, para que não firam nem a justiça nem a devida verdade e sejam apenas ficções neutras para todos e para mim. Meu desejo seria pelo menos substituir, nessas fábulas, a verdade dos fatos por uma verdade moral; isto é, representar nelas, da melhor maneira, as afeições naturais ao coração humano e extrair daí algum aprendizado útil; em suma, compor contos morais, apólogos. No entanto, seria preciso mais presença de espírito e mais facilidade com as palavras do que tenho para tirar proveito da instrução, da tagarelice de uma conversa. Sua velocidade, mais rápida que a de minhas ideias, quase sempre me forçando a falar antes de pensar, muitas vezes sugeriu-me bobagens e tolices que minha razão desaprovava e meu coração renegava assim que saíam de minha boca, mas que, precedendo meu próprio juízo, não podiam mais ser corrigidas por sua censura.

É ainda por causa desse primeiro e irresistível impulso de meu temperamento que, em momentos imprevistos e breves, a vergonha e a timidez muitas vezes arrancam-me mentiras, nas quais minha vontade não toma parte, mas que, de algum modo, a precedem pela necessidade de responder sem demora. A impressão profunda da lembrança da pobre Marion pode muito bem impedir para sempre as mentiras que poderiam ser nocivas a outros, mas não pode impedir as que servem para me tirar de embaraços quando se trata apenas de mim, as quais estão mais de acordo com minha consciência e meus princípios do que aquelas que podem influenciar a sorte de outrem.

O céu é testemunha de que, se pudesse retirar, naquele instante, a mentira que me absolve e dizer a verdade que me acusa sem me causar uma nova afronta ao retratar-me, eu o faria de todo o coração. Mas a vergonha de ser pego em flagrante ainda me detém, e arrependo-me sinceramente de minha falta, sem, todavia, ousar repará-la. Um exemplo explicará melhor o que quero dizer e mostrará que não minto nem por interesse nem por amor-próprio, ainda menos por inveja ou maldade, mas unicamente por constrangimento e vergonha, sabendo muito bem, inclusive, que algumas vezes a mentira é conhecida como tal e não pode me servir para nada.

Há algum tempo, o senhor Foulquier exortou-me, contra meu costume, a ir com minha mulher fazer um piquenique com ele e seu amigo Benoît na casa da senhora Vacassin, dona de um restaurante, que, com suas filhas, também almoçou conosco. Durante a refeição, a filha mais velha, que se casara havia pouco e estava grávida, atreveu-se a perguntar-me bruscamente, fixando-me nos olhos, se eu havia tido filhos. Respondi, corando até os olhos, que não tivera essa felicidade. Ela sorriu malignamente, olhando em volta: nada disso era obscuro, nem mesmo para mim.

Devaneios do caminhante solitário

É claro, primeiramente, que eu não desejaria ter dado essa resposta, mesmo que tivesse tido a intenção de enganar, pois a disposição que via nos convivas me assegurava de que minha fala em nada mudaria a opinião da moça sobre esse ponto. Esperava-se a negativa, ela foi inclusive provocada pelo prazer de me fazer mentir. Não era tolo a ponto de não perceber isso. Dois minutos depois, a resposta que deveria ter dado me ocorreu: "Eis uma pergunta pouco discreta da parte de uma jovem senhora a um homem que envelheceu solteiro". Falando assim, sem mentir, sem ter de corar devido à confissão, teria os risos ao meu lado e lhe daria uma pequena lição que, naturalmente, deveria torná-la um pouco menos impertinente ao me questionar. Não fiz nada disso, não disse nada do que deveria ter dito, disse o que não devia e que não me serviria para nada. No entanto, é certo que nem meu julgamento nem minha vontade ditaram minha resposta, e que ela foi o efeito maquinal do meu embaraço. Outrora, não tinha esse embaraço e confessava minhas faltas com mais franqueza do que vergonha, pois não duvidava que não vissem aquilo que as reparava e que sentia dentro de mim. Mas o olho da maldade me desola e me desconcerta. Ao me tornar mais infeliz, tornei-me mais tímido, e nunca menti, a não ser por timidez.

Nunca senti tanto minha aversão natural à mentira do que escrevendo minhas *Confissões*, pois ali as tentações teriam sido frequentes e fortes se eu tivesse a menor inclinação para isso. Mas, longe de calar e dissimular as minhas culpas, por uma característica do meu espírito que tenho dificuldade em explicar e que talvez venha de uma recusa da imitação, sentia-me inclinado a mentir no sentido contrário, acusando-me com severidade demais em vez de desculpar-me com indulgência. Minha consciência assegura-me que um dia serei julgado menos severamente do que o fui por mim mesmo. Sim, digo e sinto isso com uma nobre elevação de alma, nessa obra levei a boa-fé, a veracidade e a franqueza mais longe, ao menos assim creio, do que qualquer outro homem. Sentindo que o bem superava o mal, tinha interesse em dizer tudo, e tudo disse.

Nunca disse nada a menos, algumas vezes disse a mais, não em relação aos fatos, mas às circunstâncias, e esse tipo de mentira era, antes, o efeito do delírio da imaginação do que um ato de vontade. Engano-me até mesmo ao chamar isso de mentira, pois nenhum desses acréscimos era uma mentira. Escrevi minhas *Confissões* já velho, afastado dos vãos prazeres da vida que conhecera e cujo vazio meu coração sentia. Escrevi-as de memória, e ela com frequência falhava ou trazia-me lembranças imperfeitas, cujas lacunas eu preenchia com detalhes que imaginava, suplementando as lembranças sem jamais contrariá-las. Gostava de me demorar nos momentos felizes da minha vida, e por vezes os embelezava com ornamentos que uma terna nostalgia vinha me oferecer. Contava coisas que esquecera como me parecia que deveriam ter sido, como talvez tivessem sido de fato, mas nunca de maneira contrária àquilo que lembrava. Algumas vezes, emprestava à verdade encantos alheios, mas nunca usei a mentira para dissimular meus vícios ou para me arrogar virtudes.[6]

Se algumas vezes, sem querer, por um movimento involuntário, escondi o lado disforme retratando-me apenas de perfil, essas reticências foram compensadas por outras mais bizarras,

---

6 Uma aplicação inusitada e engenhosa do princípio da veracidade exposto por Aristóteles na *Poética*. (N. T.)

Devaneios do caminhante solitário

que muitas vezes me fizeram calar o bem mais cuidadosamente do que o mal. Essa é uma particularidade de minha índole, e é compreensível que os homens se mostrem descrentes em relação a ela, mas nem por isso é menos real. Muitas vezes mostrei o mal em toda a sua torpeza, mas raramente falei do bem em tudo o que tem de amável; muitas vezes calei sobre ele porque me honrava excessivamente, o que poderia dar a impressão de que minhas *Confissões* seriam o elogio a mim. Descrevi meus anos de juventude sem me vangloriar das boas qualidades de que meu coração era dotado, suprimindo até mesmo fatos que as colocavam em demasiada evidência. Lembro-me aqui de dois fatos de minha primeira infância que vieram à mente enquanto escrevia, mas que rejeitei, tanto um quanto outro, unicamente pela razão que acabo de mencionar.

Quase todos os domingos eu ia passar o dia em Le Pâquis, na casa do senhor Fazy, que havia desposado uma de minhas tias e possuía ali uma fábrica de chita indiana. Um dia, encontrava-me no tendal, no cômodo da calandra, e observava os cilindros de metal fundido: seu brilho deleitava meus olhos. Senti-me tentado a tocá-los com meus dedos e os passava com prazer pela parte lustrosa do cilindro, quando o jovem Fazy, colocando-se na roda, girou-a um oitavo de volta com tal agilidade que tocou a extremidade de meus dois dedos mais longos. Foi o suficiente para que fossem esmagados nas pontas e tivessem as unhas arrancadas. Soltei um grito estridente, Fazy desviou a roda imediatamente, mas as unhas permaneceram no cilindro e o sangue jorrava de meus dedos. Consternado, Fazy solta um grito, sai da roda, abraça-me e implora que eu modere o meu choro, e declara que era o seu fim. No auge da minha dor, a sua me tocou. Parei de chorar e fomos ao reservatório de água, onde me ajudou a lavar os dedos e a estancar meu sangue com musgo. Suplicou-me entre lágrimas que não o acusasse. Prometi não o fazer e mantive minha palavra tão à risca que, mais de vinte anos depois, ninguém sabia qual aventura teria me dado cicatrizes nos dois dedos. Fiquei acamado por três semanas, e por mais de dois meses sem poder usar a mão, sempre alegando que uma grande pedra, ao cair, esmagara os meus dedos.

> *Magnanima menzogna! or quando è il vero*
> *Si bello che si possa a te preporre?*[7]

Pela circunstância, foi um acidente muito delicado para mim, pois era a época dos exercícios militares burgueses, e em meu bairro se formara uma companhia, composta por uma fileira com três crianças da minha idade, devidamente uniformizadas, ao lado das quais eu deveria realizar os exercícios. Tive de suportar a dor de ouvir o tambor da companhia passando sob minha janela com meus três camaradas enquanto permanecia acamado.

Outra história, muito similar, se passou em idade mais avançada. Eu jogava malho em Plein-Palais com um de meus camaradas, chamado Pleince.

Tivemos uma briga por causa do jogo, lutamos e, durante o combate, ele deu um golpe tão certeiro com o malho em minha cabeça que uma mão mais forte teria feito saltar os miolos. Tombei no mesmo instante. Nunca em minha vida eu vi uma

---

7 "Generosa mentira! Que verdade poderia ser preferida a ti?" Cf. Tasso, *Jerusalém libertada*, II, 22. (N. T.)

Devaneios do caminhante solitário

agitação como a do pobre menino quando viu o sangue escorrer por entre os meus cabelos. Pensou que havia me matado. Precipitou-se sobre mim, abraçou-me e me apertou com força, caindo em prantos e soltando gritos estridentes. Eu também o abraçava com toda a força, chorando como ele, em uma emoção confusa, nem por isso desprovida de doçura. Por fim, meu sangue, embora ainda corresse, começou a estancar, e ele, vendo que nossos lenços não eram suficientes, levou-me até a casa de sua mãe que ficava nas cercanias e tinha um jardim. A boa senhora quase desmaiou ao me ver naquele estado. Mas reuniu forças e se pôs a cuidar de mim, e, após lavar bem a minha ferida, aplicou-lhe flores-de-lis maceradas em aguardente, medicamento excelente e muito utilizado em nosso país. Suas lágrimas e as de seu filho penetraram em meu coração a ponto de eu considerá-la, por algum tempo, como minha mãe, e seu filho, meu irmão, até que se mudassem e pouco a pouco eu os esquecesse.

Guardei segredo sobre esse incidente, assim como sobre o anterior. Cem outros ocorreram-me na vida, mas não me pareceu necessário mencioná-los em minhas *Confissões*, pois não tenho interesse pela arte de valorizar o bem que sinto em meu caráter. Quando falei contra a verdade que conhecia, foi sempre em relação a coisas indiferentes e mais pelo embaraço de falar ou pelo prazer de escrever do que por qualquer motivo de meu interesse, ou em vantagem ou prejuízo de alguém. Quem ler minhas *Confissões* de modo imparcial, se um dia isso acontecer, sentirá que as revelações feitas ali são mais humilhantes e penosas do que se fossem sobre um mal maior, embora menos vergonhoso, que não contei porque não o fiz.

Segue-se dessas reflexões que a profissão de veracidade que fiz para mim mesmo funda-se mais em sentimentos de retidão e equidade do que na realidade das coisas e que, na prática, segui mais os comandos morais de minha consciência do que as noções abstratas do verdadeiro e do falso. Muitas vezes contei fábulas, mas raríssimas vezes menti. Ao seguir esses princípios, dei aos outros poder sobre mim, mas nunca fiz mal a quem quer que fosse, nem atribuí a mim mais vantagens do que me eram devidas. É a única razão, ao que me parece, para que a verdade seja uma virtude. Sob qualquer outro ponto de vista, ela é para nós apenas uma entidade metafísica, que não produz nem o bem nem o mal.

Contudo, não sinto meu coração suficientemente feliz com essas distinções para considerar que sou de todo irrepreensível. Ao pesar com tanto cuidado aquilo que devia aos outros, teria examinado suficientemente o que devia a mim? Se é preciso ser justo com o próximo, é preciso ser verdadeiro consigo; é uma homenagem que o homem honesto precisa render à sua própria dignidade. Quando a esterilidade de minha conversação me forçava a supri-la com inocentes ficções, eu errava, pois não se deve aviltar a si para entreter o outro; e quando, levado pelo prazer de escrever, acrescentava a coisas reais ornamentos inventados, eu errava mais ainda, pois ornar a verdade com fábulas é, na verdade, desfigurá-la.

Mas o que me tornava mais imperdoável era o lema que escolhera. Esse lema obrigava-me, mais que a qualquer outro homem, a uma profissão mais exata da verdade; não sendo suficiente que eu sacrificasse todo meu interesse e minhas inclinações, era preciso entregar-lhe também minha fraqueza e minha timidez natural. Era preciso ter a coragem e a força de ser sempre verdadeiro, em todas as ocasiões, e que, de uma boca e de uma pena consagradas à verdade, jamais saíssem a ficção ou a

Devaneios do caminhante solitário

fábula. Ao assumir esse nobre lema, é isso o que deveria dizer e repetir sem parar, enquanto ousasse tomá-lo a peito. Nunca a falsidade ditou minhas mentiras, todas vieram da fraqueza; mas isso não basta para me desculpar. Com uma alma fraca, podemos, no máximo, nos proteger do vício; professar grandes virtudes, porém, é ser arrogante e temerário.

Eis as reflexões que provavelmente jamais teriam ocorrido ao meu espírito se o abade Rosier não as tivesse sugerido. É muito tarde, sem dúvida, para fazer uso delas; mas ao menos não é tarde demais para corrigir meu erro e reconduzir minha vontade à regra, pois, de agora em diante, esta é a única coisa que depende de mim. Nisto e em todas as coisas semelhantes, a máxima de Sólon aplica-se a todas as idades, e nunca é tarde para aprender, mesmo com seus inimigos, a ser sábio, verdadeiro, modesto e a presumir menos acerca de si mesmo.

Quinta caminhada

De todas as habitações em que morei (e tive algumas encantadoras), nenhuma me fez tão feliz nem me deixou tão ternas lembranças quanto a da ilha de Saint-Pierre, no meio do lago de Bienne.[1] Essa pequena ilha, que, em Neuchâtel, é chamada de ilha de La Motte, é pouco conhecida mesmo na Suíça. Nenhum viajante, que eu saiba, a menciona. No entanto, é muito agradável e singularmente situada — para a felicidade de um homem que gosta de se isolar. Pois, ainda que eu seja talvez o único no mundo cujo destino tenha feito disso uma lei, não posso acreditar ser o único a ter um gosto tão natural, embora até o momento não o tenha encontrado em mais ninguém.

As margens do lago de Bienne são mais selvagens e mais românticas que as do lago de Genebra, pois os rochedos e os bosques circundam a água mais de perto, mas não são menos agradáveis. E se há menos campos cultivados e vinhas, menos vilas e casas, há também mais vegetação natural, mais pradarias,

---

[1] Também conhecida, em alemão, como Sankt Peterinsel, no Bielersee. Pertence hoje a Erlach, cantão de Berna, na Suíça. (N. T.)

Jean-Jacques Rousseau

abrigos de arvoredos sombreados, contrastes mais frequentes e acidentes de terreno mais próximos. Como não há, nessas felizes paragens, estradas convenientes à passagem de veículos, a região é pouco frequentada por viajantes; mas é interessante, para os contemplativos solitários que amam se inebriar a esmo com os encantos da natureza e se recolher num silêncio que não seja perturbado por outro ruído além do grito das águias, do gorjeio entrecortado de alguns pássaros e do rumor das torrentes que caem da montanha. Essa bela bacia, de formato quase circular, abriga em seu centro duas pequenas ilhas: uma habitada e cultivada, com cerca de meia légua de circunferência, outra menor, deserta e inculta, que será destruída pela incessante retirada de terra para reparar os danos que as ondas e as tempestades causam à ilha maior. É assim que a substância do fraco é sempre empregada em proveito do forte.

Na ilha existe uma única casa, espaçosa, agradável e confortável, pertencente ao hospital de Berna, como a própria ilha, e que é habitada por um recebedor[2] com sua família e seus empregados. Ele mantém ali um numeroso galinheiro, um viveiro de pássaros e alguns reservatórios de peixes. A ilha, em sua pequenez, é de tal modo variada em seus terrenos e seus aspectos, que oferece todos os tipos de paisagens e abriga todos os tipos de culturas. Encontram-se ali campos, vinhas, matas, bosques, pomares e abundantes pastagens sombreadas por pequenos bosques e rodeadas por arbustos de todas as espécies, cujo frescor se mantém pela proximidade das águas. Um terraço elevado, com duas fileiras de árvores, circunda a ilha em

---

2 Do original francês *receveur*, funcionário responsável por receber impostos, taxas e multas. (N. T.)

Devaneios do caminhante solitário

toda a sua extensão, no meio do qual foi construído um belo salão, onde os habitantes das costas vizinhas se reúnem para dançar aos domingos, durante as vindimas.

Foi nessa ilha que me refugiei após o apedrejamento de Môtiers.[3] Tive ali uma estadia tão agradável, levei uma vida tão conveniente ao meu humor que, decidido a terminar meus dias ali, não tinha outra inquietação senão a de não me deixarem executar esse projeto, que não se conciliava com o de me enviarem para a Inglaterra, do qual já sentia os primeiros efeitos. Nos pressentimentos que me inquietavam, teria desejado que tivessem feito desse refúgio uma prisão perpétua, que ali me confinassem por toda a minha vida, e que, ao me retirarem todo poder e esperança de sair, me tivessem proibido qualquer tipo de comunicação com a terra firme, de modo que, ao ignorar tudo o que se passava no mundo, eu esquecesse sua existência e esquecessem a minha também.

Não me deixaram passar nem dois meses na ilha, mas eu teria ficado dois anos, dois séculos e toda a eternidade sem me entediar por um instante sequer, ainda que não tivesse, além de minha companheira, outra sociedade que não a do recebedor, sua mulher e seus empregados — todos, na verdade, pessoas muito boas —, e nada mais. Mas era exatamente do que eu precisava. Considero aqueles dois meses a época mais feliz de minha vida, tão feliz que bastaria para toda a minha existência,

---

3 Os habitantes desta pequena vila suíça, influenciados pela má fama dos escritos de Rousseau e pelo pastor local, contrariado com as últimas obras publicadas, atacaram a casa do filósofo com pedras, forçando-o assim a se transferir em poucos dias para a ilha de Saint-Pierre. (N. T.)

sem deixar nascer uma única vez, em minha alma, o desejo de outro estado.

Qual era então essa felicidade e em que consistia esse deleite? Desafio os homens deste século a adivinhar, com base na descrição da vida que eu levava. O precioso *far niente*[4] foi o primeiro e principal desses deleites que eu quis saborear em toda a sua doçura, e tudo o que fiz durante minha estadia não passou, na verdade, da ocupação deliciosa e necessária de um homem que se dedicou à ociosidade.

A esperança de que não quisessem nada além de me deixar naquela estadia isolada, na qual eu estava enlaçado a mim mesmo, e de onde me era impossível sair sem ajuda e sem ser percebido, e só podia ter comunicação e correspondência com o auxílio das pessoas que me cercavam, essa esperança, digo, dava-me a de encerrar meus dias mais tranquilamente do que os havia passado, e a ideia de que teria tempo para me instalar à vontade me fez não tomar nenhuma providência. Transportado para lá de forma brusca, só e despojado, mandei buscar sucessivamente minha governanta, meus livros e minha pequena bagagem, que tive o prazer de não desfazer, deixando minhas caixas e malas como haviam chegado, e vivendo na casa onde pretendia acabar meus dias como em um albergue de onde devesse partir na manhã seguinte. Todas as coisas, tal como estavam, iam tão bem que querer arrumá-las melhor seria estragar alguma coisa. Uma de minhas maiores delícias era, sobretudo, deixar meus livros sempre bem encaixotados, e não ter nenhum material

---

4 A expressão italiana, que Rousseau traz de sua viagem à Itália, é referência explícita à doçura do ócio, condição para estar consigo, e pode ser traduzida como "não fazer nada". (N. T.)

Devaneios do caminhante solitário

para escrever. Quando infelizes cartas me obrigavam a pegar a pluma para respondê-las, pedia emprestado, resmungando, o material do recebedor e me apressava em devolvê-lo na vã esperança de não mais ter necessidade de voltar a pedi-lo. Em vez dessas tristes papeladas e de toda essa livralhada, enchia meu quarto com flores e feno, pois estava, na época, em meu primeiro fervor pela botânica, para o qual o doutor d'Ivernois me inspirara um gosto que logo se tornou uma paixão. Não querendo mais trabalho, precisava de uma atividade para me divertir, que me agradasse e que não me desse nada mais do que um preguiçoso estivesse disposto a fazer. Decidi fazer a *Flora petrinsularis* e descrever todas as plantas da ilha, sem omitir uma única, com detalhes suficientes para me ocupar pelo resto dos meus dias. Dizem que um alemão escreveu um livro sobre uma raspa de limão; eu teria escrito um sobre cada gramínea dos prados, sobre cada musgo dos bosques, sobre cada líquen que recobre os rochedos; enfim, não queria deixar um fio de grama, um átomo vegetal que não fosse amplamente descrito. Em consequência desse belo projeto, todas as manhãs após o café da manhã, que tomávamos todos juntos, eu saía, com uma lupa na mão e meu *Systema naturæ*[5] embaixo do braço, para visitar um cantão da ilha, que, para esse efeito, eu tinha dividido em pequenos quadrados com a intenção de percorrer um após o outro, em cada estação. Nada é mais singular que os encantamentos, os êxtases que experimentava a cada observação que

---

5 Obra de Carl Lineu (1707-1778), botânico sueco, médico e zoólogo responsável pela formalização do moderno sistema de nomeação de organismos. Foi um dos cientistas mais aclamados da Europa, e o próprio Rousseau nutria por ele grande admiração. (N. T.)

Jean-Jacques Rousseau

fazia sobre a estrutura e a organização vegetal, e sobre o funcionamento das partes sexuais na frutificação, cujo sistema era de todo novo para mim. A distinção dos caracteres genéricos, dos quais não fazia a menor ideia, encantava-me ao verificá-los nas espécies comuns, esperando que se oferecessem a mim as mais raras. A ramificação dos dois longos estames da brunela, a espiral da urtiga e da parietária, a explosão do fruto da balsamina e da cápsula do buxo, mil pequenos movimentos da frutificação que observava pela primeira vez me enchiam de alegria; e eu seguia perguntando quem tinha visto as hastes da brunela, como La Fontaine perguntava sobre quem tinha lido Habacuque. Passadas duas ou três horas, eu retornava carregado de grande colheita, provisão de distração para depois do almoço, no caso de chuva. Empregava o resto da manhã para ir com o recebedor, sua esposa e Thérèse visitar seus trabalhadores e sua colheita, e quase sempre colocava as mãos à obra com eles. Frequentemente, os moradores de Berna, que iam me visitar, encontravam-me empoleirado em grandes árvores centenárias cingido com um saco em volta da cintura, que enchia de frutas e depois fazia descer ao solo com uma corda. O exercício que fazia pela manhã e o bom humor dele inseparável tornavam o repouso do almoço muito agradável. Mas quando a refeição se prolongava demais e o tempo bom me convidava, eu não conseguia esperar e, com todos ainda à mesa, esquivava-me e ia lançar-me sozinho num barco, que conduzia para o meio do lago quando a água estava calma. Ali, deitado no barco com os olhos voltados para o céu, eu me deixava ir à deriva lentamente ao sabor das águas, às vezes durante várias horas, mergulhado em mil devaneios confusos, mas deliciosos, e que, sem terem nenhum objeto determinado ou constante, não deixavam de ser, na minha opinião, cem vezes

Devaneios do caminhante solitário

preferíveis a tudo o que encontrara de mais doce nos assim chamados prazeres da vida. Frequentemente, avisado pelo pôr do sol sobre a hora da partida, encontrava-me tão longe da ilha que era obrigado a usar toda a minha força para chegar antes da noite fechada. Em outras ocasiões, em vez de me afastar para o meio do lago, divertia-me ao costear as margens verdejantes da ilha, cujas águas límpidas e as sombras frescas tantas vezes levaram-me a tomar banho ali. No entanto, uma de minhas navegações mais frequentes era ir da grande à pequena ilha, ali desembarcar e passar a tarde fazendo pequenas caminhadas em meio a salgueiros, amieiros, persicárias e arbustos de todas as espécies, ou me estabelecendo no cume de uma colina arenosa coberta de relva, serpão, até mesmo de flores de esparzeta e trevos, que, provavelmente, deviam ter sido semeados havia muito tempo; lugar apropriado para abrigar coelhos, que ali poderiam multiplicar-se em paz, sem nada a temer e sem prejudicar ninguém. Dei essa ideia ao recebedor, que mandou vir de Neuchâtel coelhos machos e fêmeas; e fomos, com grande pompa, sua mulher, uma de suas irmãs, Thérèse e eu colocá-los na pequena ilha, a qual começaram a povoar antes da minha partida, e onde sem dúvida prosperaram, caso tenham conseguido suportar o rigor dos invernos. A fundação dessa pequena colônia foi uma festa. O piloto dos Argonautas não estava mais orgulhoso que eu conduzindo em triunfo a companhia e os coelhos da grande ilha para a pequena; e notei, com orgulho, que a mulher do recebedor, que tinha muito medo de água e sempre ficava enjoada, embarcou sob meu comando com confiança e não demonstrou medo algum durante a travessia.

Se o lago agitado não permitisse a navegação, eu passava a tarde a percorrer a ilha, herborizando em todas as direções, sentado ora nos recantos mais agradáveis e solitários para devanear à vontade, ora nos terraços e colinas, percorrendo com os olhos a soberba e encantadora vista do lago e de suas margens, de um lado coroadas pelas montanhas circundantes, do outro prolongadas por ricas e férteis planícies, nas quais a vista se estendia até as montanhas azuladas mais afastadas que a delimitavam. Quando a noite se aproximava, eu descia dos cumes da ilha e com prazer sentava-me à beira do lago, em algum refúgio escondido. O barulho das ondas e a agitação da água, fixando meus sentidos e afastando de minha alma qualquer outra agitação, mergulhavam-na em um delicioso devaneio, no qual a noite muitas vezes me surpreendia, sem que eu percebesse. O fluxo e o refluxo dessas águas, o seu som contínuo e ritmado chegava ao mesmo tempo a meus ouvidos e a meus olhos e suprimia os movimentos internos que o devaneio apagava em mim. Isso bastava para que sentisse com prazer minha existência, sem o esforço de pensar. Vez por outra brotava uma fraca e breve reflexão sobre a instabilidade das coisas deste mundo, da qual a superfície das águas oferecia a imagem. Mas logo essas ligeiras impressões se apagavam na uniformidade do movimento contínuo que me embalava, e que, sem qualquer atividade de minha alma, mantinha-me paralisado, a tal ponto que, apesar do apelo da hora e do sinal combinado, eu não podia sair dali sem esforço.

Após a ceia, quando a noite estava bonita, íamos todos passear no terraço para respirar o ar do lago e seu frescor. Descansávamos no pavilhão, ríamos, conversávamos, cantávamos alguma velha canção que valia tanto quanto os floreados modernos e, por fim, íamos dormir satisfeitos com nossa jornada, desejando apenas que o dia seguinte fosse semelhante.

Deixando de lado as visitas imprevistas e inoportunas, essa foi a maneira como passei meu tempo naquela ilha durante o período em que ali fiquei. Que me digam hoje o que ela tinha de tão atraente para excitar em meu coração lembranças tão vivas, tão ternas e duradouras que, quinze anos depois, ainda é impossível para mim pensar nessa morada querida sem me sentir toda vez para lá transportado pelo ardor do desejo.

Observei, nas vicissitudes de uma longa vida, que as épocas dos deleites mais doces e dos prazeres mais vivos não são aquelas cuja lembrança mais me atrai e comove. Esses breves momentos de delírio e de paixão, por mais vivos que sejam, são apenas pontos dispersos na linha da vida. Eles são raros e rápidos demais para constituírem um estado, e a felicidade de que meu coração sente falta não é composta por instantes fugidios, mas por um estado simples e permanente que nada tem de intenso em si, cuja duração aumenta o encanto, a ponto de nele encontrar, por fim, a suprema beatitude.

Tudo está em um fluxo contínuo sobre a terra: nada mantém uma forma constante e fixa, e nossas afeições, que se prendem às coisas exteriores, como estas, passam e mudam necessariamente. Sempre à frente ou atrás de nós, elas lembram o passado, que não é mais, ou antecipam o futuro, que, muitas vezes, não deve acontecer: não existe nada de sólido a que o coração possa se apegar. Assim, neste mundo, só conhecemos o prazer passageiro; a felicidade duradoura, duvido que seja conhecida. Quase não se encontra, em nossos mais vivos prazeres, um instante em que o coração possa verdadeiramente nos dizer: "Gostaria que esse instante durasse para sempre". E como chamar de felicidade um estado fugidio que nos deixa o coração inquieto e vazio, que nos faz sentir falta de algo antes ou desejar ainda algo depois?

Jean-Jacques Rousseau

Se há um estado em que a alma encontra um alicerce sólido o bastante para nele repousar inteiramente e ali reunir todo o seu ser, sem necessidade de recorrer ao passado nem se transportar para o futuro, em que o tempo nada seja para ela, em que o presente dure para sempre, sem, no entanto, marcar sua duração e sem nenhum sinal de sucessão, sem nenhum outro sentimento de privação ou de fruição, de prazer ou de dor, de desejo ou de medo, além do sentimento de nossa existência, e que esse único sentimento a preenchesse inteiramente – enquanto esse estado perdure, quem nele se encontra poderá dizer-se feliz, não uma felicidade imperfeita, pobre e relativa, tal como aquela encontrada nos prazeres da vida, mas uma felicidade autossuficiente, perfeita e plena, que não deixa na alma nenhum vazio a ser preenchido. Tal é o estado em que eu frequentemente me encontrava na ilha de Saint-Pierre durante meus devaneios solitários, fosse deitado em meu barco, quando o deixava à deriva, ao sabor das águas, fosse sentado às margens do lago agitado, ou em outro lugar, à beira de um belo riacho ou de um córrego a murmurar sobre o cascalho.

De que gozamos em semelhante situação? De nada exterior a nós, de nada além de nós mesmos e de nossa própria existência; enquanto dura esse estado, bastamos a nós mesmos, como Deus. O sentimento da existência despojado de toda outra afeição é, em si, um sentimento precioso de contentamento e de paz, bastaria-se sozinho para tornar essa existência cara e doce a quem soubesse afastar de si todas as impressões sensuais e terrenas, que vêm incessantemente nos distrair e perturbar a doçura deste mundo. Mas a maior parte dos homens, agitados por paixões contínuas, mal conhecem esse estado e, tendo-o experimentado apenas de maneira imperfeita durante poucos instantes, guardam dele somente uma ideia obscura e confusa, que não permite sentir seu encanto. Não seria de fato bom, na presente constituição das coisas, que, ávidos por esses doces êxtases, os homens se desgostassem da vida ativa, que suas necessidades sempre renovadas lhes prescrevem como um dever. Mas um desafortunado, que foi arrancado da sociedade humana e que nada mais pode fazer neste mundo de útil e de bom para outrem ou para si, pode encontrar, nesse estado, compensações a todas as felicidades humanas, compensações que a fortuna e os homens não lhe poderiam tirar.

É verdade que essas compensações não podem ser sentidas por todas as almas, nem em todas as situações. É preciso que o coração esteja em paz e que nenhuma paixão venha a perturbar sua calma. Para tanto, são necessárias certas disposições da parte daquele que as experimenta e o auxílio dos objetos que o rodeiam. Não é preciso nem repouso absoluto nem agitação em excesso, mas um movimento uniforme e moderado, sem solavancos nem intervalos. Sem movimento, a vida não passa de letargia. Se o movimento é desigual ou forte demais, ele desperta; ao nos lembrar os objetos circundantes, destrói o encanto do devaneio e nos arranca de dentro de nós mesmos para nos remeter, no mesmo instante, ao jugo da fortuna e dos homens, e nos devolver ao sentimento de nossos infortúnios. Um silêncio absoluto conduz à tristeza. Ele oferece uma imagem da morte. O auxílio de uma imaginação alegre se faz então necessário e se apresenta, de forma bastante natural, àqueles com ela agraciados pelos céus. O movimento que não vem de fora se produz, então, dentro de nós. O repouso é menor, é verdade, mas também mais agradável quando ideias ligeiras e doces, sem agitar o fundo da alma, não fazem, por assim dizer, senão aflorar a superfície. Não é preciso mais que isso para lembrar de si mesmo e esquecer todos os seus males. Esse tipo de devaneio pode ser experimentado em todos os lugares onde se pode ficar tranquilo, e muitas vezes pensei que, na Bastilha, e mesmo num calabouço em que nenhum objeto chegasse à minha vista, eu poderia ainda devanear de maneira agradável.

Mas é preciso admitir que isso se dava muito melhor e de forma mais agradável em uma ilha fértil e solitária, naturalmente circunscrita e separada do resto do mundo, onde tudo me oferecia apenas imagens risonhas, onde nada me recordava lembranças entristecedoras, onde a companhia do pequeno número de habitantes era afável e doce, sem ser interessante a ponto de ocupar-me incessantemente; onde, enfim, podia me entregar o dia todo, sem obstáculos e sem preocupações, às ocupações de meu gosto ou à mais lânguida ociosidade. A ocasião sem dúvida era bela para um sonhador que, sabendo nutrir-se de agradáveis quimeras em meio aos objetos mais desagradáveis, podia saciar-se à vontade com elas, enquanto fazia que tudo o que afetava realmente seus sentidos contribuísse para isso. Ao sair de um longo e doce devaneio, vendo-me cercado de vegetação, de flores e de pássaros, deixando meus olhos errarem ao longe sobre as romanescas margens que delimitavam uma vasta extensão de água clara e cristalina, eu assimilava às minhas ficções todos esses amáveis objetos. E, sendo pouco a pouco devolvido a mim e ao que me cercava, não podia definir o limite entre a ficção e a realidade. Tudo concorria igualmente para me tornar cara a vida recolhida e solitária que levava durante essa bela estadia. Se ela pudesse voltar! Se eu pudesse terminar meus dias nessa ilha querida, sem jamais sair dela, nem rever nenhum habitante do continente

Devaneios do caminhante solitário

que me trouxesse à lembrança as calamidades de toda espécie que, por tantos anos, se compraziam em lançar sobre mim! Logo seriam esquecidos para sempre, mas sem dúvida não me esqueceriam da mesma forma. Mas que me importaria, desde que não tivessem nenhum acesso para perturbar meu repouso? Libertado de todas as paixões terrenas que o tumulto da vida social produz, minha alma se lançaria frequentemente acima dessa atmosfera e se ligaria, antes da hora, às inteligências celestes, às quais espera se somar em breve. Os homens se absterão, bem sei, de me devolver tão doce refúgio, no qual não quiseram me deixar ficar. Mas pelo menos não me impedirão de me transportar para lá todos os dias, nas asas da imaginação, e de experimentar, por algumas horas, o mesmo prazer que teria se ainda morasse lá. O que eu ali faria de mais doce seria devanear à vontade. Não é o que eu faço, ao devanear que lá estou? Faço mais, inclusive: aos atrativos de um devaneio abstrato e monótono, acrescento imagens encantadoras que o vivificam. Muitas vezes em meus êxtases seus objetos se furtavam aos meus sentidos, enquanto agora, mais profundo o meu devaneio, mais intensamente são eles pintados. No mais das vezes, sinto-me mais em meio a eles, e de maneira mais agradável, do que quando lá estava realmente. A desgraça é que, à medida que a imaginação arrefece, isso se dá com mais dificuldade e não dura tanto tempo. Infelizmente, é quando começamos a abandonar nosso despojo que ele mais nos aflige!

Sexta caminhada

Quase não temos movimentos maquinais cuja causa não possamos encontrar em nosso coração, se soubermos procurá-la bem. Ontem, passando no novo bulevar para ir herborizar ao longo do Bièvre, ao lado de Gentilly, fiz um desvio à direita ao me aproximar da barreira d'Enfer, e, adentrando pelo campo, segui pela estrada de Fontainebleau para chegar às terras altas que margeiam esse pequeno riacho. Essa caminhada, por si, era indiferente, mas, ao me lembrar que havia feito várias vezes maquinalmente o mesmo desvio, procurei a causa disso, e não pude me impedir de rir quando consegui esclarecê-la.

Num canto do bulevar, na saída da barreira d'Enfer, encontra-se diariamente, no verão, uma mulher que vende frutas, infusões e pãezinhos. Essa mulher tem um filho muito gentil, coxo, que, mancando com suas muletas, sai por aí com muita graça a pedir esmolas aos passantes. Adquiri uma espécie de familiaridade com esse rapazinho; a cada vez que eu passava, ele não deixava de me fazer seu pequeno cumprimento, sempre seguido de minha pequena oferenda. Nas primeiras vezes, fiquei encantado ao vê-lo, e doava a ele de bom coração.

Continuei por algum tempo a fazê-lo com o mesmo prazer, muitas vezes acrescentando a esse prazer o de estimular e ouvir sua pequena tagarelice, que me parecia agradável. Esse prazer, aos poucos convertido num hábito, transformou-se, não sei como, numa espécie de dever, com o qual logo comecei a me sentir incomodado, sobretudo por causa da arenga preliminar que era preciso ouvir, e na qual ele nunca deixava de me chamar várias vezes de senhor Rousseau para mostrar que me conhecia bem, o que me dizia, muito pelo contrário, que ele não me conhecia mais do que aqueles que o haviam instruído. A partir de então, passei por ali com menos boa vontade, e, por fim, adquiri maquinalmente o hábito de fazer quase sempre um desvio quando me aproximava daquela travessa.

Eis o que descobri ao refletir a respeito, pois até então nada disso ocorrera distintamente em meu pensamento. Essa observação lembrou-me, pouco a pouco, diversas outras que confirmaram que os verdadeiros e primeiros motivos da maioria de minhas ações não são tão claros para mim quanto eu poderia imaginar. Sei e sinto que fazer o bem é a mais verdadeira felicidade que o coração pode provar; mas faz muito tempo que essa felicidade foi colocada fora do meu alcance, e não é com uma sorte tão miserável quanto a minha que se pode esperar fazer, com escolha e proveito, uma única ação realmente boa. Como o maior cuidado daqueles que regulam meu destino foi que tudo tivesse para mim uma aparência falsa e enganadora, o motivo para a virtude não é jamais senão um engodo apresentado para me atrair à armadilha na qual querem me prender. Sei disso, sei que o único bem de agora em diante em meu poder é o de me abster de agir por medo de fazer o mal, sem querer e sem o saber.

Devaneios do caminhante solitário

Mas houve tempos mais felizes em que, seguindo os movimentos de meu coração, eu podia, algumas vezes, deixar contente outro coração, e devo a mim mesmo o honorável testemunho de que, cada vez que pude provar desse prazer, eu o achei mais doce que qualquer outro. Essa inclinação foi intensa, verdadeira, pura, e nada em meu mais secreto interior jamais a desmentiu. No entanto, muitas vezes senti o peso de minhas próprias boas ações pelo encadeamento dos deveres que traziam consigo; com isso, o prazer desaparecia, e não mais encontrava, na continuidade dos mesmos cuidados, que antes me haviam encantado, senão um incômodo quase insuportável. Durante os meus breves momentos de prosperidade, muitas pessoas recorriam a mim, e nunca, em todos os serviços que lhes prestei, nenhuma delas foi repelida. Contudo, dessas primeiras boas ações, feitas com efusão no coração, nasciam cadeias de compromissos sucessivos que eu não havia previsto e de que não podia mais me livrar. Meus primeiros serviços não passavam, aos olhos daqueles que os recebiam, de adiantamento por aqueles que os deveriam seguir; assim que algum desafortunado lançasse sobre mim os grilhões de uma dádiva recebida, eu ficaria preso dali por diante, e essa primeira boa ação livre e voluntária tornar-se-ia um direito ilimitado de todos aqueles que pudessem ter necessidade dela no futuro, e nem mesmo a própria impotência bastava para delas me isentar. Eis de que maneira os deleites mais doces com o tempo se transformavam para mim em onerosas submissões.

Essas correntes, no entanto, não me pareceram tão pesadas enquanto, ignorado pelo público, eu vivia na obscuridade. Mas, quando fui revelado por meus escritos, erro grave, sem dúvida, porém mais do que expiado por meus infortúnios, tornei-me

Jean-Jacques Rousseau

a caixa de assistência de todos os sofredores ou pretensos sofredores, de todos os aventureiros em busca de tolos, de todos aqueles que, sob pretexto do crédito que fingiam me atribuir, queriam me subjugar de uma forma ou de outra. Pude então ver que todas as inclinações da natureza, sem excluir a própria beneficência, se usadas ou seguidas na sociedade sem prudência e sem critério, mudam de natureza e se tornam muitas vezes tão nocivas quanto eram úteis em sua orientação original. Tantas experiências cruéis mudaram pouco a pouco minhas primeiras disposições, ou antes, encerrando-as por fim em seus verdadeiros limites, ensinaram-me a seguir, de maneira menos cega, minha inclinação à caridade quando ela servia apenas para facilitar a maldade alheia.

Não lamento, porém, essas mesmas experiências, pois me proporcionaram, por meio da reflexão, novas luzes sobre o conhecimento de mim e sobre os verdadeiros motivos de minha conduta em mil circunstâncias sobre as quais com frequência me iludi. Vi que, para fazer o bem com prazer, seria preciso agir livremente, sem constrangimento, e que, para perder toda a doçura de uma boa obra, bastaria que ela se tornasse, para mim, um dever. Depois disso, o peso da obrigação tornava um fardo os mais doces deleites, e, como disse, creio que no *Emílio*,[1] eu teria sido considerado pelos turcos um mau marido na hora em que o pregoeiro exigisse o cumprimento dos deveres que minha condição exigia.

Isso modifica bastante a opinião que tive, por muito tempo, de minha própria virtude, pois não há virtude em seguir nossas próprias inclinações e proporcionar a nós mesmos, quando elas

---

1 Na verdade, é no Livro V das *Confissões*. (N. T.)

Devaneios do caminhante solitário

nos levam a tanto, o prazer de fazer o bem. A virtude consiste em vencer essas inclinações quando o dever ordena que façamos o que ele nos prescreve, e isso eu soube fazer menos do que qualquer homem no mundo. Nasci sensível e bom, levei a piedade até a fraqueza e senti minha alma exaltar-se por tudo o que está ligado à generosidade: fui humano, benfeitor, caridoso por gosto, até por paixão, enquanto apenas meu coração era tocado. Teria sido o melhor e o mais clemente dos homens se tivesse sido o mais poderoso e, para apagar em mim todo o desejo de vingança, bastaria poder me vingar. Não teria dificuldade, inclusive, de ser justo contra meu próprio interesse, mas não teria conseguido sê-lo contra o das pessoas que me eram caras. Quando meu dever e meu coração entravam em contradição, o primeiro só saía vitorioso quando eu me abstinha, e, nesse caso, eu era forte na maior parte das vezes. Mas agir contra minha inclinação sempre foi algo impossível para mim. Estejam os homens, o dever ou mesmo a necessidade comandando, quando meu coração se cala, minha vontade permanece surda, e não posso obedecer. Vejo o mal que me ameaça e o deixo chegar, em vez de me agitar para preveni--lo. Começo às vezes com esforço, mas esse esforço me cansa e me esgota rapidamente, não consigo continuar. Em tudo o que possa imaginar, aquilo que não faço com prazer logo me é impossível de fazer.

Isso não é tudo. A obrigação que está de acordo com meu desejo, por mais fraca que seja, basta para aniquilá-lo e transformá-lo em repugnância ou mesmo em aversão, o que me torna penosa a boa ação exigida e que eu próprio fazia quando não a exigiam. Uma boa ação puramente gratuita é com certeza uma obra que aprecio fazer. No entanto, quando aquele que a recebeu se atribui o direito de exigir sua continuidade, sob pena de ódio, quando ele me impõe uma lei para ser seu benfeitor por eu ter tido prazer em sê-lo anteriormente, na mesma hora o incômodo começa e o prazer se esvai. O que faço nessas horas ao ceder é fraqueza e falso pudor, pois não há mais boa vontade; e, longe de me aplaudir, censuro-me, em minha consciência, por fazer o bem a contragosto.

Sei que existe uma espécie de contrato, inclusive o mais sagrado de todos, entre o benfeitor e o favorecido. É um tipo de sociedade que eles formam um com o outro, mais estreita que a que une os homens em geral. E se o favorecido se compromete de maneira tácita ao reconhecimento, o benfeitor igualmente se compromete a conservar, enquanto aquele não se tornar indigno, a mesma boa vontade que acaba de lhe testemunhar, renovando seus atos todas as vezes em que puder e for requerido. Essas não são condições expressas, mas efeitos naturais da relação que vem se estabelecer entre eles. Aquele que recusa, pela primeira vez, um serviço gratuito que lhe pedem não dá nenhum direito de se queixar àquele a quem recusou esse serviço. Mas aquele que, em semelhante caso, recusa à mesma pessoa a mesma graça que lhe concedera anteriormente, frustra uma esperança que ele próprio autorizou; engana e desmente uma expectativa que fizera nascer. Nessa recusa, sente-se algo de mais injusto e mais duro que na outra, mas ela não deixa de ser o efeito de uma independência que o coração ama e à qual não renuncia sem esforço. Quando pago uma dívida, é um dever que cumpro; quando faço uma doação, é um prazer que me dou. Ora, o prazer de cumprir seus deveres é daqueles que só o hábito da virtude faz nascer: os que vêm imediatamente da natureza não se elevam tão alto.

Devaneios do caminhante solitário

Após tantas tristes experiências, aprendi a prever de longe as consequências de seguir meus primeiros movimentos, e muitas vezes me abstive de uma boa ação que tinha o desejo e o poder de fazer, assustado com a sujeição à qual me submeteria em seguida se agisse de maneira irrefletida. Nem sempre senti esse temor; pelo contrário, em minha juventude, apegava-me aos outros por minhas próprias boas ações; e várias vezes também senti que aqueles que favorecia se afeiçoavam a mim, mais por reconhecimento do que por interesse. Mas as coisas, e muitas outras, mudaram bastante em relação a isso tão logo meus infortúnios começaram. Vivi, a partir de então, com uma nova geração que não parecia em nada com a primeira, e meus próprios sentimentos pelos outros refletiram as mudanças que percebi nos deles. As mesmas pessoas que vi sucessivamente nessas duas gerações tão diferentes assimilaram-se, por assim dizer, a uma e à outra. É assim que o conde des Charmettes, por quem tive estima tão terna e que me amava tão sinceramente, conseguiu nomear como bispos seus parentes ao se tornar um dos artesãos das manobras de Choiseul; é assim que o bom abade Palais, em outros tempos meu devedor e amigo, bravo e honesto rapaz em sua juventude, conseguiu estabelecer-se na França tornando-se traidor e falso a meu respeito; é assim que o abade de Blinis, que tive como subsecretário em Veneza e que sempre demonstrou a afeição e a estima que minha conduta deve naturalmente ter-lhe inspirado, mudando de linguagem e de comportamento com vantagem para seus interesses, soube ganhar bons benefícios às custas de sua consciência e da verdade. O próprio Moultou mudou do branco ao preto. De pessoas verdadeiras e francas que eram no início, tornaram-se aquilo que são agora, como todos os outros. E isso apenas porque os tempos estão mudados e os homens mudaram com eles. Oh! Como poderia eu guardar os mesmos sentimentos por aqueles nos quais encontro o contrário do que os fez nascer? Não os odeio, porque não poderia odiar, mas não posso me impedir o desprezo que merecem, nem me abster de testemunhá-lo diante deles.

Talvez, sem o perceber, eu tenha mudado mais do que deveria. Que caráter natural resistiria, sem se alterar, a uma situação semelhante à minha? Convencido, por vinte anos de experiência, que tudo aquilo que a natureza colocou de felizes disposições em meu coração transformou-se, pelo destino e por aqueles que dele dispõem, em prejuízo para mim mesmo ou para outrem, só posso considerar como sendo uma armadilha, sob a qual se esconde algum mal, qualquer boa ação que se me apresenta. Sei que, seja qual for o efeito da obra, não deixarei de ter o mérito de minha boa intenção. Sim, esse mérito sem dúvida está sempre lá, mas o encanto interior não está mais; e tão logo esse estímulo me falta, sinto apenas indiferença e frieza dentro de mim, e, seguro de que, em vez de fazer uma ação verdadeiramente útil, estou sendo tolo, a indignação do amor-próprio unida ao repúdio da razão inspira-me repugnância e resistência, quando estaria cheio de ardor e zelo em meu estado natural.

Existem certas adversidades que elevam e reforçam a alma, mas outras a abatem e matam; é a adversidade da qual sou a presa. Se minha alma possuísse um mínimo que fosse de má levedura, essa adversidade tê-la-ia fermentado em excesso, ter-me-ia tornado frenético; mas ela apenas tornou-me nulo. Sem condições de fazer o bem para mim e para outrem, abstenho-me de agir. E esse estado, que só é inocente por ser forçado, me faz encontrar uma espécie de doçura ao entregar-me, de maneira plena, irrepreensível, à minha tendência natural. Vou longe demais, sem dúvida, pois evito as ocasiões de agir, mesmo onde vejo que só posso fazer o bem. Certo de que não me deixam ver as coisas como são, abstenho-me de julgar pelas aparências que dão a elas, e, seja qual for o engodo com que cubram os motivos para agir, basta que esses motivos sejam deixados a meu alcance para que esteja seguro de que são enganosos.

Meu destino parece ter armado, desde a minha infância, a primeira armadilha que me tornou, durante muito tempo, propenso a cair em todas as outras. Nasci o mais confiante dos homens, e, durante quarenta anos completos, jamais essa confiança foi enganada uma única vez. Precipitado repentinamente numa outra ordem de pessoas e coisas, caí em mil ciladas sem jamais perceber nenhuma, e vinte anos de experiência pouco adiantaram para esclarecer-me sobre minha sorte. Uma vez convencido de que há somente mentira e falsidade nas demonstrações afetadas que me prodigalizam, logo passei ao outro extremo: pois, uma vez que saímos de nosso natural, não há mais limites que nos contenham. Com isso, eu me desgostei dos homens, e minha vontade, que converge com a deles a esse respeito, mantém-me mais afastado deles do que todas as suas maquinações.

Por mais que tentem, essa repugnância nunca chegará à aversão. Ao pensar em como se tornaram dependentes de mim para me manter sob a dependência deles, suscitam-me uma piedade real. Se não sou infeliz, eles o são, e cada vez que volto a mim, sempre os considero dignos de pena. O orgulho talvez ainda se misture a esses julgamentos, já que me sinto muito acima deles para odiá-los. Podem interessar-me no máximo até o desprezo, mas nunca até o ódio. Enfim, amo demais a mim mesmo para poder odiar quem quer que seja. Isso seria estreitar, comprimir minha existência, e eu gostaria, antes, de estendê-la sobre todo o universo.

Prefiro fugir a odiá-los. A visão deles fere meus sentidos e, por meio desses, meu coração, com impressões que mil olhares cruéis me tornam penosas; mas esse mal-estar cessa tão logo o objeto que o causa desaparece. Eu me ocupo deles, muito a contragosto, por sua presença, mas nunca por sua lembrança. Quando não os vejo mais, para mim, é como se não existissem.

Nem sequer me são indiferentes, a não ser no que se reporta a mim, pois nas relações que mantêm entre si ainda podem interessar-me e comover-me, como os personagens de um drama que eu visse representar. Seria preciso que meu ser moral fosse aniquilado para que a justiça se tornasse indiferente para mim. O espetáculo da injustiça e da maldade ainda me faz ferver o sangue de raiva; os atos de virtude em que não vejo nem bravata nem ostentação sempre me fazem estremecer de alegria e ainda me arrancam doces lágrimas. Mas é preciso que os veja e aprecie por mim mesmo, pois, após minha própria história, precisaria ser insensato para adotar, no que quer que seja, o julgamento dos homens, e para acreditar em qualquer coisa baseado nas palavras de outrem.

Se minha figura e meus traços fossem tão perfeitamente desconhecidos dos homens quanto meu caráter e meu natural, ainda viveria sem dificuldade no meio deles. Sua sociedade mesma poderia me agradar enquanto lhes fosse perfeitamente estranho. Entregue sem constrangimento às minhas inclinações naturais, eu os amaria ainda que nunca se ocupassem de mim. Exerceria sobre eles uma benevolência universal e perfeitamente desinteressada, mas sem criar jamais um apego par-

Devaneios do caminhante solitário

ticular e sem carregar o jugo de algum dever, faria, para eles livremente e para mim mesmo, tudo o que eles têm tanta dificuldade de fazer, instigados por seu amor-próprio e coagidos por todas as leis.

Se tivesse permanecido livre, obscuro, isolado, como nasci para ser, só teria feito o bem, pois não tenho no coração o germe de nenhuma paixão nociva. Se eu tivesse nascido invisível e onipotente como Deus, teria sido benfeitor e bom como Ele. A força e a liberdade é que fazem os homens superiores. A fraqueza e a escravidão jamais fizeram nada além de homens maus. Se eu fosse o possuidor do anel de Giges,[2] ele teria me tirado da dependência dos homens e os colocaria sob a minha dependência. Muitas vezes perguntei-me, em meus castelos de vento, que uso teria feito desse anel, pois, com ele, a tentação de abusar acompanha de perto o poder. Mestre capaz de contentar meus desejos, podendo tudo sem poder ser enganado por ninguém, o que eu poderia desejar com alguma constância? Uma única coisa: ver todos os corações contentes. Somente a visão da felicidade pública teria podido tocar meu coração com um sentimento permanente, e o ardente desejo de concorrer para ela teria sido minha mais constante paixão. Sempre justo,

---

2 Giges tornou-se rei da Lídia (687-651 a.C.) após ter assassinado o rei anterior, Candaules, e desposado sua mulher. O mito sobre o anel de Giges aparece no diálogo entre Glauco e Sócrates, nos Livros II e III da obra *A República*, de Platão, que traz uma reflexão sobre como a justiça e a injustiça atuam perante os impulsos da paixão. Giges (*A República*, 359d-360d), pastor que se apossa do anel de um cadáver, ao descobrir a invisibilidade que o objeto lhe conferia, passa a usufruir das vantagens desse poder: tornando-se amante da rainha para matar o rei e se apossar do poder. (N. T.)

Jean-Jacques Rousseau

sem parcialidade, e sempre bom sem fraqueza, também teria me garantido contra as desconfianças cegas e os ódios implacáveis; pois, ao ver os homens como são de fato e lendo com facilidade o fundo de seu coração, teria encontrado poucos suficientemente amáveis para merecerem todas as minhas afeições, poucos suficientemente odiosos para merecerem todo o meu ódio, e sua própria maldade me levaria a lamentá-los, ao conhecer o mal que fazem a si mesmos, querendo fazer a outrem. Talvez eu tivesse tido, em momentos de alegria, a infantilidade de operar, por vezes, prodígios; mas, inteiramente desinteressado por mim mesmo, e tendo por lei apenas minhas inclinações naturais, para alguns atos de justiça severa, teria feito mil outros de clemência e equidade. Como Ministro da Providência e dispensador de suas leis, de acordo com meu poder, eu teria feito milagres mais sábios e úteis que os da *Lenda Dourada* e os do túmulo de Saint-Médard.[3]

Há apenas um ponto sobre o qual a faculdade de penetrar em tudo de modo invisível teria me levado a buscar tentações, às quais resistiria com dificuldade, e, uma vez nessas vias de desvario, para onde não teria sido conduzido por elas? Seria conhecer muito mal a natureza, e a mim, dizer que essas facilidades não me teriam seduzido, ou que a razão teria impedido essa queda fatal. Seguro de mim em qualquer outro assunto, estaria perdido com apenas esse. Aquele cuja potência o coloca

---

3 *Lenda Dourada* é uma coletânea medieval de histórias hagiográficas. O túmulo de um asceta jansenista no cemitério de Saint-Médard em Paris foi, durante um período na primeira metade do século XVIII, lugar de peregrinação, em função do relato de curas milagrosas que teriam acontecido ali. (N. T.)

Devaneios do caminhante solitário

acima do homem deve estar acima das fraquezas da humanidade, sem o que esse excesso de força só serviria para colocá-lo de fato abaixo dos demais e do que ele teria sido, se tivesse permanecido igual a eles.

Considerando tudo isso, creio que faria melhor jogar fora meu anel mágico antes que ele me faça cometer alguma tolice. Se os homens se obstinam em me ver de forma diferente do que sou, e se o fato de me verem exacerba sua injustiça, para privá-los dessa visão é preciso fugir, mas não me eclipsar no meio deles. Cabe a eles se esconderem de mim, ocultarem de mim suas manobras, fugirem à luz do dia, se enfiarem na terra como toupeiras. Quanto a mim, que me vejam se puderem, tanto melhor, mas isso lhes é impossível; nunca verão em meu lugar senão o Jean-Jacques que criaram para si e segundo seus corações, para odiá-lo à vontade. Seria, portanto, um erro deixar-me afetar pela maneira como me veem; não devo ter nenhum interesse verdadeiro por isso, pois não sou eu que eles veem assim.

O resultado que posso tirar de todas essas reflexões é que jamais fui verdadeiramente feito para a sociedade civil, na qual tudo é constrangimento, obrigação, dever, e que meu natural independente sempre me tornou incapaz das sujeições necessárias a quem quer viver com os homens. Enquanto ajo livremente, sou bom e faço apenas o bem; porém, assim que sinto o jugo, seja da necessidade, seja dos homens, torno-me rebelde, ou antes, indócil, e assim me anulo. Quando é preciso fazer o contrário de minha vontade, não o faço, não importa o que aconteça; tampouco faço minha própria vontade, porque sou fraco. Abstenho-me de agir, pois toda minha fraqueza é relativa à ação, toda a minha força é negativa e todos os meus pecados são de omissão, raramente de comissão. Jamais acreditei que a liberdade humana consistia em fazer o que quisesse, mas sim nunca fazer o que não quisesse, e essa é a liberdade que sempre reclamei, muitas vezes preservei, e pela qual mais escandalizei meus contemporâneos. Pois ativos, irrequietos e ambiciosos, detestando a liberdade nos outros e não a querendo para si próprios, desde que façam, às vezes, sua vontade, ou melhor, que dominem a de outrem, eles se obrigam por toda a vida a fazer aquilo que os repugna, e não negligenciam nenhuma servidão para comandar. Seu erro não foi, portanto, afastar-me da sociedade como um membro inútil, mas dela me proscrever como um membro pernicioso. Fiz muito pouco o bem, eu o confesso, mas quanto ao mal, ele não penetrou em minha vontade durante a minha vida, e duvido que exista algum homem no mundo que o tenha realmente cometido menos que eu.

Sétima caminhada

A compilação de meus longos sonhos mal se inicia e já sinto que está no fim. Outro passatempo lhe sucede, absorve-me e me priva até do tempo para sonhar. Entrego-me a ele com um entusiasmo que tem algo de extravagância e que me faz rir de mim quando reflito sobre isso; nem por isso deixo de entregar--me a ele, pois, na situação em que me encontro, não tenho outra regra de conduta senão a de seguir minha inclinação em tudo, sem constrangimento. Nada posso em relação à minha sorte; todas as minhas inclinações são inocentes; e, como os julgamentos dos homens são doravante nulos a meus olhos, a própria sabedoria quer que, naquilo que permanece ao meu alcance, eu faça tudo o que me agrada, seja em público, seja comigo mesmo, sem outra regra além da minha fantasia e sem outra medida além do pouco de força que me resta. Eis--me aqui, portanto, com meu feno como único alimento e a botânica como única ocupação. Já velho, adquiri os primeiros rudimentos dessa ciência na Suíça, com o doutor d'Ivernois, e havia herborizado com sucesso suficiente, durante minhas viagens, para adquirir um conhecimento razoável do reino vegetal.

Jean-Jacques Rousseau

No entanto, em Paris, ao me tornar mais do que sexagenário e sedentário, as forças começaram a me faltar para as grandes herborizações, e, aliás, tão dedicado ao trabalho de copista de música que não precisava de outra ocupação, eu abandonara esse passatempo que não era mais necessário: vendi meu herbário, meus livros, contente em rever, algumas vezes, as plantas comuns que encontrava ao redor de Paris durante minhas caminhadas. No decorrer desse intervalo, o pouco que sabia se apagou quase inteiramente de minha memória, e bem mais rapidamente do que nela havia se gravado.

De repente, com 65 anos completos, privado do pouco de memória que tinha e das forças que me restavam para correr os campos, sem guia, sem livros, sem jardim, sem herbário, eis-me retomado por essa loucura, porém, com ainda mais ardor do que tive ao entregar-me a ela na primeira vez. Eis que me vejo seriamente ocupado com o sábio projeto de aprender de cor todo o *Regnum vegetabile* de Murray[1] e de reconhecer todas as plantas que, na terra, são conhecidas. Impossibilitado de comprar livros de botânica, obriguei-me a transcrever aqueles que me emprestaram e resolvi refazer um herbário mais rico que o primeiro, esperando ali colocar todas as plantas do mar e dos Alpes e de todas as árvores das Índias. Começo sempre com proveito pela morugem, pelo cerefólio, pela borragem e

---

1 Johan Andreas Murray (1740-1791) foi um proeminente farmacologista e botânico sueco. Publicou, em seis volumes, uma compilação de remédios à base de ervas intitulada *Apparatus medicaminum* (1776-1792). No entanto, a obra à qual Rousseau se refere é *Systema Naturæ* de Lineu, publicada, em sua 13ª edição, sob o título *Systema Vegetabilium* (*Sistema do Reino Vegetal*), com uma introdução elaborada por Murray, a *Regnum Vegetabile* (*O reino vegetal*). (N. T.)

Devaneios do caminhante solitário

pela tasneirinha; herborizo habilmente sobre a gaiola de meus pássaros e, a cada novo ramo vegetal que encontro, digo a mim mesmo com satisfação: "Em todo caso, eis uma planta a mais".

Não procuro justificar a decisão que tomo ao seguir essa fantasia; considero-a muito sensata, persuadido de que, na posição em que me encontro, dedicar-me aos passatempos que me agradam é uma grande sabedoria e, mesmo, uma grande virtude: é o meio de não deixar germinar em meu coração nenhuma semente de vingança ou de ódio. E, para encontrar em meu destino o gosto por alguma diversão, é preciso ter uma natureza despudorada de todas as paixões irascíveis. Isso é me vingar de meus perseguidores à minha maneira, pois não poderia puni-los mais cruelmente do que sendo feliz, apesar deles.

Sim, sem dúvida a razão permite-me, até mesmo prescreve, que eu me abandone a toda a inclinação que me atrai e que nada me impede de seguir. Mas ela não me ensina por que essa inclinação me atrai e qual é o atrativo que posso encontrar num estudo vão, feito sem proveito, sem progresso, e que me reconduz, velho, caquético, já caduco e lento, sem destreza, sem memória, aos exercícios da juventude e às lições de um estudante. Tal é a bizarrice que eu gostaria de explicar; parece-me que, bem-esclarecida, ela poderia lançar uma nova luz sobre esse conhecimento de mim, a cuja aquisição dediquei meus últimos lazeres.

Pensei algumas vezes com bastante profundidade, mas raramente com prazer, quase sempre contra minha vontade, como que à força: o devaneio me relaxa e me distrai, a reflexão me cansa e me entristece; pensar sempre foi para mim uma ocupação penosa e sem charme. Algumas vezes, meus devaneios terminam em meditação, mas quase sempre minhas meditações terminam em um devaneio e, durante esses desvarios, minha alma vagueia e plana no universo, nas asas da imaginação, em êxtases que ultrapassam qualquer outro deleite. Enquanto desfrutava do devaneio, em toda a sua pureza, qualquer outra ocupação sempre me parecia insípida. Mas, uma vez lançado na carreira literária por impulsos externos, senti a fadiga do trabalho do espírito e o dissabor de uma celebridade infeliz; senti, ao mesmo tempo, esmorecerem e arrefecerem meus doces devaneios, e, forçado a ocupar-me, contra a minha vontade, de minha triste situação, não pude reencontrar, a não ser muito raramente, esses êxtases que, durante cinquenta anos, haviam substituído a fortuna e a glória e que, sem outro custo que não o do tempo, me haviam tornado, na ociosidade, o mais feliz dos mortais.

Tinha mesmo a temer em meus devaneios que minha imaginação amedrontada por meus infortúnios fosse influenciada por eles, e que o contínuo sentimento de meus desgostos, apertando-me o coração aos poucos, por fim me esmagasse com seu peso. Nesse estado, um instinto que me era natural e me fazia fugir de qualquer ideia entristecedora impôs o silêncio à minha imaginação e, fixando minha atenção nos objetos que me rodeavam, fez-me, pela primeira vez, considerar em detalhes o espetáculo da natureza, que eu quase não havia contemplado até então, a não ser em bloco e em seu conjunto.

As árvores, os arbustos e as plantas são o adereço e a vestimenta da terra. Nada mais triste que o aspecto de um campo nu e vazio que oferece aos olhos apenas pedras, limo e areia. Mas, vivificada pela natureza e coberta com seu vestido de núpcias em meio ao curso das águas e ao canto dos pássaros, a terra ofe-

Devaneios do caminhante solitário

rece ao homem, com a harmonia dos três reinos, um espetáculo cheio de vida, de interesse e encantos, o único espetáculo no mundo do qual seus olhos e seu coração não se cansam jamais.

Quanto mais sensível a alma de um contemplador, mais ele se abandona aos êxtases que essa harmonia lhe suscita. Um devaneio doce e profundo se apodera de seus sentidos, e ele se perde, numa deliciosa embriaguez, na imensidão desse belo sistema com o qual se sente identificado. Então, todos os objetos particulares lhe escapam; ele não vê e não sente, a não ser no todo. É preciso que alguma circunstância particular restrinja suas ideias e circunscreva sua imaginação para que ele possa observar por partes esse universo que se esforçava por abarcar.

Era o que me acontecia naturalmente quando meu coração, constrito pela aflição, reunia e concentrava todos os seus movimentos em torno de si para conservar o resto de calor, prestes a evaporar e apagar no abatimento, no qual eu caía aos poucos. Eu vagava despreocupadamente pelos bosques e montanhas, não ousando pensar por medo de avivar minhas dores. Minha imaginação, que recusa os objetos da dor, deixava meus sentidos se entregarem às impressões ligeiras, porém doces, dos objetos circundantes. Meus olhos passeavam sem parar de um lado a outro, e não era possível que, em tão grande variedade, não encontrassem algo que os fixassem mais e os prendessem por mais tempo.

Tomei gosto por essa recreação dos olhos, que, no infortúnio, repousa, diverte, distrai o espírito e suspende o sentimento de mágoa. A natureza dos objetos ajuda muito essa diversão e a torna mais sedutora. Os odores suaves, as cores vivas e as mais elegantes formas parecem competir pelo direito de capturar nossa atenção. Basta amar o prazer para entregar-se a tão

Jean-Jacques Rousseau

doces sensações, e se esse efeito não ocorre com todos por ele afetados, isso se dá por falta de sensibilidade natural em alguns, e, na maioria, por um espírito que, ocupado demais com outras ideias, só se abandona, de maneira furtiva, aos objetos que afetam seus sentidos.

Outra coisa contribui ainda para afastar do reino vegetal a atenção das pessoas de gosto: o hábito de procurar nas plantas apenas drogas e remédios. Teofrasto[2] agia de outra forma, e pode-se considerar esse filósofo o único botânico da Antiguidade, também quase desconhecido entre nós. Porém, devido a um certo Dioscórides, grande compilador de fórmulas, e a seus comentadores, a medicina de tal forma apossou-se das plantas a ponto de transformá-las em elementos, nos quais só vemos o que nelas não se pode ver, as pretensas virtudes que qualquer um gosta de lhes atribuir. Não se concebe que a organização vegetal possa merecer por si alguma atenção. Pessoas que passam a vida doutamente classificando conchas de forma inteligente zombam da botânica a considerando um estudo inútil quando não acrescentamos a ele, como dizem, o estudo das propriedades, isto é, quando não abandonamos a observação da natureza, que nunca mente e que não nos diz nada sobre isso, para nos entregarmos unicamente à autoridade dos homens, que, sendo mentirosos, afirmam muitas coisas nas quais é preciso acreditar com base na sua palavra, fundada quase sempre na autoridade alheia. Detenhamo-nos num prado cheio de cores a examinar sucessivamente as flores que o fazem brilhar; aqueles que nos

---

2 Teofrasto (372 a.C.-287 a.C.), filósofo grego, sucessor de Aristóteles na escola peripatética. (N. T.)

126

virem fazer isso, tomando-nos por curandeiros nos pedirão ervas para curar a indisposição das crianças, a sarna dos homens ou o mormo dos cavalos. Esse desagradável prejulgamento foi destruído em parte nos outros países, sobretudo na Inglaterra, graças a Lineu, que tirou um pouco a botânica das escolas farmacêuticas para devolvê-la à história natural e aos usos econômicos. No entanto, na França, onde esse estudo se propagou menos na alta sociedade, permanecemos tão bárbaros sobre esse ponto quanto um belo espírito de Paris, que, ao ver em Londres um jardim de colecionador cheio de árvores e plantas raras, exclama como elogio: "Eis um belíssimo jardim de boticário". Nesse sentido, o primeiro boticário foi Adão, pois não é fácil imaginar um jardim mais variado de plantas do que o Éden.

Essas ideias medicinais seguramente são pouco adequadas para tornar agradável o estudo da botânica, elas desbotam o brilho dos campos, o viço das flores, ressecam o frescor das matas, tornam a vegetação e as sombras insípidas e desagradáveis; todas essas estruturas fascinantes e graciosas interessam muito pouco àquele que quer apenas esmagá-las todas em um pilão, e ninguém vai procurar guirlandas para as pastoras no meio das ervas para fazer enemas.

Toda essa farmacêutica não manchava nem um pouco minhas imagens campestres; nada mais distante delas que as infusões e os emplastros. Muitas vezes pensei, ao olhar de perto os campos, os pomares, os bosques e seus numerosos habitantes, que o reino vegetal era um armazém de alimentos doados pela natureza ao homem e aos animais. Mas nunca ocorreu a meu espírito nela procurar drogas ou remédios. Nada vejo em suas diversas produções que me indique semelhante uso, e a natureza nos teria mostrado isso se esse uso nos fosse prescrito, como fez com os comestíveis. Sinto, inclusive, que o prazer que tenho em percorrer as matas seria envenenado pelo sentimento das enfermidades humanas se me levasse a pensar na febre, no cálculo, na gota e na epilepsia. De resto, não negaria as grandes virtudes que são atribuídas aos vegetais; diria apenas que, supondo reais essas virtudes, é pura malícia dos doentes continuarem a sê-lo; pois, de tantas doenças que os homens se atribuem, não há uma só que vinte tipos de ervas não curem radicalmente.

Essa forma de pensar, que sempre relaciona tudo a nosso interesse material, que em tudo nos faz buscar proveito ou remédios e que nos faria olhar com indiferença para toda a natureza se sempre estivéssemos bem, jamais a tive. Sinto-me, quanto a isso, o oposto dos outros homens; tudo o que diz respeito ao sentimento de minhas necessidades entristece e arruína meus pensamentos. Só encontrei verdadeiro encanto nos prazeres do espírito quando perdi inteiramente de vista o interesse pelo meu corpo. Assim, mesmo que acreditasse na medicina, mesmo que seus remédios fossem agradáveis, eu jamais encontraria nela essas delícias proporcionadas por uma contemplação pura e desinteressada, e minha alma não poderia se exaltar e planar sobre a natureza enquanto sinto tê-la ligada aos laços de meu corpo. Além disso, sem nunca ter tido grande confiança na medicina, eu a tive em demasia nos médicos, que estimava, que amava e que deixava governar minha carcaça com plena autoridade. Quinze anos de experiência instruíram-me às minhas expensas; voltado agora apenas às leis da natureza, retomei por meio delas minha saúde original. Mesmo se os médicos não tivessem contra mim outras queixas, quem poderia se espantar com sua raiva? Sou a prova viva da vaidade de sua arte e da inutilidade de seus cuidados.

Devaneios do caminhante solitário

Não, nada de pessoal, nada relativo ao interesse de meu corpo pode ocupar de fato minha alma. Eu não medito, não sonho jamais tão prazerosamente do que quando esqueço de mim mesmo. Sinto êxtases, arrebatamentos inexprimíveis ao me fundir, por assim dizer, no sistema dos seres, ao me identificar à natureza inteira. Enquanto os homens eram meus irmãos, eu fazia projetos de felicidade terrena; esses projetos eram sempre relativos ao todo, eu só podia ser feliz com a felicidade pública; jamais a ideia de uma alegria particular tocou meu coração senão quando vi meus irmãos procurando a sua alegria na minha desgraça. Então, para não os odiar, foi preciso fugir deles; assim, refugiando-me junto à mãe comum, em cujos braços procurei escapar dos ataques dos seus filhos, tornei-me solitário ou, como dizem, insociável e misantropo, pois a solidão mais selvagem me parece preferível à companhia dos maus, que só se nutrem de traições e de ódio.

Forçado a abster-me de pensar, por medo de pensar sem querer em meus infortúnios, a conter os resquícios de uma imaginação alegre, mas enfraquecida, que tantas angústias poderiam por fim intimidar, a tentar esquecer os homens, que me enchem de ignomínia e ultrajes, por temer que a indignação acabe por me irritar contra eles, eu não poderia, no entanto, concentrar-me inteiramente em mim, já que minha alma expansiva procura, apesar de minhas hesitações, estender seus sentimentos e sua existência a outros seres. Forçado a tudo isso, não posso mais, como outrora, atirar-me destemidamente nesse vasto oceano da natureza, porque minhas faculdades enfraquecidas e afrouxadas não mais encontram objetos suficientemente determinados, fixos e ao meu alcance para se fixarem com firmeza. Não me sinto mais com vigor suficiente para nadar no caos de meus antigos êxtases. Minhas ideias quase não passam de sensações, e a esfera de meu entendimento não ultrapassa os objetos imediatamente a meu redor.

Fugindo dos homens, buscando a solidão, não imaginando mais, pensando ainda menos, dotado, no entanto, de um temperamento vivaz, que me afasta da apatia lânguida e melancólica, comecei a ocupar-me de tudo o que me cercava e, por um instinto muito natural, dei preferência aos objetos mais agradáveis. O reino mineral em si nada tem de amável e de atraente; suas riquezas encerradas no seio da terra parecem ter sido afastadas dos olhares dos homens para não se tornarem uma tentação a sua cupidez. Elas estão lá como reservas para um dia servir de suplemento às verdadeiras riquezas que estão mais ao alcance do homem, e pelas quais ele perde o gosto à medida que se corrompe. É preciso, então, convocar a indústria, o esforço e o trabalho em socorro de suas misérias; o homem vasculha as entranhas da terra, indo procurar em seu centro, com risco de vida e à custa de sua saúde, bens imaginários em vez de bens reais que a terra lhe oferece de si, quando ele sabia desfrutá-los. Ele foge do sol e do dia que não é mais digno de ver; enterra-se vivo e faz bem, não merece mais viver à luz do dia. Lá, pedreiras, abismos, forjas, fornos, bigornas, martelos, fumaça e fogo se sucedem às doces imagens dos trabalhos campestres. Rostos pálidos dos infelizes que definham nos infectos vapores das minas, sombrios ferreiros, horríveis ciclopes são o espetáculo do aparato das minas, o qual substitui, no seio da terra, o da vegetação e das flores, do céu azulado, dos pastores enamorados e dos robustos trabalhadores da superfície.

É fácil, admito, caminhar recolhendo areia e pedras, encher seus bolsos e seu gabinete com elas e dar-se ares de naturalista.

Mas aqueles que se apegam a esses tipos de coleções são, em geral, ricos ignorantes que buscam nisso apenas o prazer da exibição. Para tirar proveito do estudo dos minerais, é preciso ser químico e físico; é preciso fazer experiências difíceis e custosas, trabalhar em laboratórios, despender muito dinheiro e tempo em meio a carvão, cadinhos, fornos, retortas, sob a fumaça e vapores asfixiantes, sempre pondo a vida em risco e, com frequência, à custa de sua saúde. De todo esse triste e fatigante trabalho, resulta comumente muito menos saber do que orgulho. E onde está o mais medíocre dos químicos que não acredita ter penetrado todas as grandes operações da natureza, por ter feito, talvez por acaso, algumas pequenas descobertas na sua arte?

O reino animal está mais a nosso alcance, e com certeza ainda merece ser mais bem estudado. Mas, afinal, não terá esse estudo também suas dificuldades, seus embaraços, seus desgostos e seus sofrimentos, sobretudo para um solitário que não tem, em seus lazeres ou em seus trabalhos, ajuda a esperar de ninguém? Como observar, dissecar, estudar, conhecer os pássaros nos ares, os peixes nas águas, os quadrúpedes mais ligeiros que o vento, mais fortes que o homem, que não estão mais dispostos a se oferecer às minhas pesquisas do que eu a correr atrás deles para submetê-los à força? Teria que recorrer, portanto, a caracóis, vermes, moscas, e passaria minha vida a ficar sem fôlego ao correr atrás de borboletas, a empalar pobres insetos, a dissecar camundongos quando pudesse pegá-los ou carcaças de bichos mortos encontradas por acaso. O estudo dos animais não existe sem a anatomia; é por meio dela que se aprende a classificar, a distinguir os gêneros, as espécies. Para estudar seus costumes e suas características seria preciso ter aviários, viveiros, jaulas; seria preciso confiná-los de alguma maneira, na medida do possível, reunindo-os ao meu redor. Não tenho nem o gosto nem os meios para mantê-los cativos, nem a agilidade necessária para segui-los em seus deslocamentos enquanto em liberdade. Seria preciso, portanto, estudá-los mortos, despedaçá-los, desossá-los, vasculhar à vontade suas entranhas palpitantes! Que aparato terrível esse anfiteatro anatômico de cadáveres fétidos, de gotejantes e pálidas carnes, do sangue dos intestinos repugnantes, de esqueletos pavorosos, de vapores pestilentos! Não será lá, dou minha palavra, que Jean-Jacques buscará seus passatempos.

Flores brilhantes, prados coloridos, sombras frescas, córregos, pequenos bosques, vegetação, venham purificar minha imaginação borrada por esses objetos hediondos! Minha alma, morta para todos os grandes movimentos, só pode ser afetada pelos objetos sensíveis; não tenho mais do que sensações, e somente através delas a dor ou o prazer podem me atingir nesse mundo. Atraído pelos alegres objetos que me cercam, eu os considero, contemplo, comparo, aprendo enfim a classificá-los, e eis que me torno, de repente, tão botânico quanto precisa ser aquele que quer estudar a natureza apenas para encontrar sempre novas razões para amá-la.

Não procuro, de forma alguma, instruir-me: é tarde demais. Aliás, jamais vi que tanta ciência contribua para a felicidade, mas procuro me proporcionar passatempos doces e simples que eu possa aproveitar sem dor e que me distraiam de meus infortúnios. Não tenho despesa nem energia para vaguear despreocupadamente de erva em erva, de planta em planta, para examiná-las, comparar suas diferentes características, determinar suas relações e diferenças, enfim, para observar a organi-

Devaneios do caminhante solitário

zação vegetal de maneira a seguir a marcha e o funcionamento dessas máquinas vivas; para buscar, algumas vezes com sucesso, suas leis gerais, a razão e a finalidade de suas diversas estruturas, e para entregar-me aos encantos da admiração agradecida pela mão que me faz desfrutar de tudo isso.

As plantas parecem ter sido semeadas na terra com profusão, assim como as estrelas no céu para convidar o homem, por meio da atração do prazer e da curiosidade, ao estudo da natureza. Mas os astros estão longe de nós; é preciso conhecimentos preliminares, instrumentos, máquinas, longas escadas para atingi-los e deixá-los ao nosso alcance. As plantas estão próximas de nós naturalmente. Nascem sob os nossos pés e em nossas mãos, por assim dizer, e se a pequenez de suas partes essenciais as oculta às vezes a olho nu, os instrumentos que as revelam são de uso muito mais fácil que os da astronomia. A botânica é o estudo para um ocioso e preguiçoso solitário: uma ponteira e uma lupa são os únicos aparelhos necessários para observar as plantas. Ele passeia, vagueia livremente de um objeto a outro, passa em revista cada flor com interesse e curiosidade e, tão logo começa a apreender as leis de sua estrutura, experimenta, ao observá-las, sem qualquer esforço, um prazer tão intenso quanto se lhe custasse muito. Há, nessa ociosa ocupação, um encanto que só se sente em plena calma das paixões, mas que é, todavia, suficiente para, sozinho, tornar a vida feliz e suave. Tão logo ali se mistura um motivo de interesse ou vaidade, seja para ocupar posições, seja para escrever livros, tão logo se quer aprender apenas para instruir, e que não se herboriza senão para tornar-se autor ou professor, todo aquele doce encanto se esvai; não se vê mais nas plantas senão instrumentos de nossas paixões, não se encontra mais nenhum verdadeiro prazer em seu estudo, não mais se quer saber, mas mostrar o que se sabe; e, nos bosques, não se está senão no teatro do mundo, ocupado com o cuidado de se fazer admirar; ou então, limitando-se à botânica de gabinete e, no máximo, de jardim, em vez de observar os vegetais na natureza, ocupa-se apenas de sistemas e métodos; eterna matéria de disputa que não faz conhecer uma única planta a mais, e não lança nenhuma verdadeira luz sobre a história natural e o reino vegetal. Daí o ódio e a inveja que a concorrência pela celebridade provoca nos autores botânicos, tanto quanto, ou mais, que nos demais eruditos. Ao desnaturar esse agradável estudo, eles o transplantam para dentro das cidades e das academias, onde não degenera menos que as plantas exóticas nos jardins dos curiosos.

Para mim, foram disposições muito diferentes que fizeram desse estudo uma espécie de paixão que preenche o vazio de todas aquelas que não tenho mais. Escalo rochedos, montanhas, embrenho-me nos vales, nos bosques, para me furtar, tanto quanto possível, da lembrança dos homens e dos ataques dos maus. Parece-me que, sob as sombras de uma floresta, sou esquecido, livre e tranquilo como se não tivesse mais inimigos, ou que a folhagem dos bosques me protege de seus ataques, assim como os afasta de minha lembrança, e imagino, em minha tolice, que ao não pensar neles, não pensarão em mim. Encontro tanta doçura nessa ilusão que a ela me entregaria por inteiro se minha condição, minha fraqueza e minhas necessidades o permitissem. Quanto mais profunda é a solidão em que vivo, mais é preciso que algum objeto lhe preencha o vazio, e os objetos que minha imaginação recusa ou que minha memória repele são substituídos pelas produções espontâneas que

Devaneios do caminhante solitário

a terra, não forçada pelos homens, oferece a meus olhos por toda a parte. O prazer de ir a um lugar deserto para procurar novas plantas encobre aquele de escapar de meus perseguidores e, chegando aos lugares em que não vejo nenhum sinal dos homens, respiro mais à vontade, como num refúgio, no qual o ódio deles não me persegue mais.

Lembrarei por toda a minha vida de uma herborização que fiz um dia para os lados da Robaila, nas terras do magistrado Clerc. Estava sozinho e embrenhei-me nas fendas da montanha; de árvore em árvore, de rocha em rocha, cheguei a um reduto tão escondido que nunca vi um aspecto mais selvagem em toda a minha vida. Negros pinheiros entremeados de prodigiosas faias, muitas das quais, caídas pela velhice e entrelaçadas umas às outras, fechavam esse lugar com barreiras impenetráveis; alguns intervalos, deixados por esse sombrio recinto, mostravam ao longe apenas rochas escarpadas e horríveis precipícios, que eu só ousava olhar deitado de bruços. O mocho, a coruja e a águia-pescadora faziam ouvir seus gritos nas fendas da montanha; alguns pequenos pássaros raros, mas familiares, atenuavam o horror dessa solidão. Encontrei ali a *Dentaria heptaphyllos*, o *Cyclamen*, o *Nidus avis*, o grande *Laserpitium* e algumas outras plantas que me encantaram e me distraíram por muito tempo. Contudo, insensivelmente dominado pela forte impressão dos objetos, esqueci a botânica e as plantas, sentei em almofadas de *Lycopodium* e de musgos, e comecei a devanear mais à vontade, pensando que eu tinha ali um refúgio ignorado por todo o universo, onde os perseguidores não me descobririam. Um movimento de orgulho logo se combinou a esse devaneio. Eu me comparava com aqueles grandes viajantes que descobrem uma ilha deserta, e me dizia com complacência: "Sem dúvida, sou o primeiro mortal que chegou até aqui", considerando-me quase um outro Colombo. Enquanto me pavoneava com essa ideia, ouvi, um pouco distante, certo tilintar que acreditei reconhecer. Escuto: o mesmo barulho se repete e se multiplica. Surpreso e furioso, levanto-me, atravesso uma moita de mato, no lado de onde vinha o ruído, e, num pequeno vale, a vinte passos do local onde acreditei ter sido o primeiro a chegar, entrevi uma manufatura de meias.

Não saberia exprimir a agitação confusa e contraditória que senti em meu coração com essa descoberta. Meu primeiro movimento foi um sentimento de alegria por me encontrar entre humanos, onde acreditava estar totalmente só. Mas esse movimento, mais rápido que um raio, foi logo substituído por um sentimento doloroso e duradouro, como se não pudesse, nem mesmo nos antros dos Alpes, escapar às cruéis mãos dos homens, obstinados em me atormentar. Estava absolutamente seguro que não houvesse dois homens nessa fábrica que não fossem iniciados no complô, do qual o predicante Montmollin tornou-se chefe, cujos motivos vinham de muito longe. Apressei-me em afastar essa triste ideia e acabei por rir sozinho de minha vaidade pueril e da maneira cômica como fui punido.

Quem de fato podia esperar encontrar uma manufatura em um precipício? Só a Suíça, em todo o mundo, para apresentar essa mistura de natureza selvagem e indústria humana. A Suíça inteira não passa, por assim dizer, de uma grande cidade cujas ruas, mais largas e compridas que a rua Saint-Antoine, são semeadas de florestas, entrecortadas por montanhas, e cujas casas esparsas e isoladas se comunicam entre si apenas por jardins ingleses. Lembrei-me, em relação a esse assunto, de outra herborização que Du Peyrou, d'Escherny, o coronel Pury, o ma-

Devaneios do caminhante solitário

gistrado Clerc e eu fizemos havia algum tempo na montanha de Chasseron, do alto da qual descobrimos sete lagos. Disseram-nos que havia uma única casa sobre essa montanha e, com certeza, não adivinharíamos a profissão daquele que a habitava se não tivessem acrescentado que se tratava de um livreiro, que inclusive conduzia muito bem seus negócios naquele país. Parece-me que um único fato dessa espécie faz conhecer melhor a Suíça do que todas as descrições dos viajantes.

Eis outro da mesma natureza, ou quase, igualmente bom para fazer conhecer um povo bem diferente. Durante minha estada em Grenoble, várias vezes fiz pequenas herborizações fora da cidade com o senhor Bovier, advogado dessa localidade, não porque ele gostasse ou conhecesse botânica, mas porque, fazendo-se de meu guarda-costas, procurava, tanto quanto possível, acompanhar-me por toda a parte. Um dia, passeávamos ao longo do Isère, em um local repleto de espinheiros. Vi, nesses arbustos, frutos maduros; tive a curiosidade de experimentá-los e, descobrindo neles uma acidez muito agradável, pus-me a comê-los para refrescar-me. O senhor Bovier mantinha-se ao meu lado, sem me imitar e sem nada dizer. Um de seus amigos chegou e, ao me ver mordiscar os grãos, disse: "Ah! Senhor, o que está fazendo? Não sabe que esse fruto envenena?". "Esse fruto envenena?", gritei muito surpreso. "Sem dúvida", retrucou ele, "e todo o mundo sabe disso tão bem que ninguém na região pensa em prová-lo." Olhei para o senhor Bovier e perguntei: "Por que o senhor não me avisou?". "Ah, senhor", respondeu-me ele em um tom respeitoso, "não ousaria tomar essa liberdade." Comecei a rir dessa humildade delfinesa,[3] interrom-

---

3 De Delfinado (Dauphiné), antiga província francesa, cuja capital era Grenoble. (N. T.)

pendo minha pequena refeição. Estava persuadido, como ainda estou, de que um produto natural agradável ao gosto não pode ser nocivo ao corpo, ou o é apenas quando em excesso. No entanto, confesso que me vigiei um pouco pelo resto da jornada, mas sofri apenas um pouco de inquietação: jantei muito bem na ceia, dormi melhor ainda e levantei-me pela manhã em perfeita saúde, depois de ter comido na véspera quinze ou vinte frutas desse terrível *Hippophae*, que envenena em pequeníssimas doses, como todos me diziam em Grenoble, no dia seguinte. Essa aventura pareceu-me tão divertida que nunca me recordo dela sem rir da singular discrição do advogado senhor Bovier.

Todos os meus percursos botânicos, as diversas impressões do local dos objetos que me chamaram a atenção, as ideias que me provocaram, os incidentes a eles ligados, tudo isso deixou-me impressões que se renovam quando vejo plantas herborizadas nesses mesmos locais. Não voltarei a ver essas belas paisagens, essas florestas, esses lagos, esses bosques, esses rochedos, essas montanhas, cuja visão sempre tocou meu coração. Agora, que não posso mais correr por essas felizes regiões, basta abrir meu herbário para que logo me transporte para elas. Os fragmentos das plantas que lá colhi são suficientes para me recordar todo aquele magnífico espetáculo. Esse herbário é, para mim, um diário de herborizações, que me faz retomá-las com novo encanto e que produz o efeito de um aparelho óptico, como se as representasse mais uma vez diante dos meus olhos.

É a cadeia de ideias acessórias que me liga à botânica. Ela reúne e lembra à minha imaginação todas as ideias que mais a deleitam: os campos, as águas, os bosques, a solidão, sobretudo a paz e o repouso — que se encontram em meio a tudo isso —,

Devaneios do caminhante solitário

são incessantemente revividos por ela em minha memória. Ela me faz esquecer as perseguições dos homens, seu ódio, seu desprezo, seus ultrajes e todos os males com que recompensaram meu terno e sincero apego por eles. Ela me transporta para habitações tranquilas em meio a pessoas simples e boas, como aquelas com as quais vivi outrora. Ela me lembra não só de minha juventude e meus inocentes prazeres, faz-me desfrutar deles mais uma vez, e me deixa feliz, ainda muitas vezes, em meio à mais triste sina jamais vivida por um mortal.

Oitava caminhada

Ao meditar sobre as disposições de minha alma em todas as situações da minha vida, fico extremamente impressionado ao ver tão pouca proporção entre as diversas combinações de meu destino e os sentimentos habituais de bem-estar ou mal-estar pelos quais fui afetado. Os vários intervalos de minhas breves prosperidades não me deixaram quase nenhuma lembrança agradável da maneira íntima e permanente com que me afetaram, e, ao contrário, em todas as misérias de minha vida, sempre me sentia constantemente invadido por sentimentos ternos, comoventes, deliciosos, os quais, vertendo um bálsamo salutar sobre as feridas do meu coração aflito, pareciam converter a dor em prazer, cuja amável lembrança é a única a voltar, liberada da recordação dos males que, ao mesmo tempo, experimentava. Parece-me que mais provei a doçura da existência e vivi realmente quando meus sentimentos, comprimidos, por assim dizer, por meu destino em torno de meu coração, não se evaporavam para fora de mim na direção dos objetos da estima dos homens, objetos que a merecem tão pouco, por si, mas que são a única ocupação das pessoas que se creem felizes.

Quando tudo ao meu redor estava em ordem, quando estava satisfeito com tudo o que me cercava e com a esfera na qual vivia, eu a preenchia com minhas afeições. Minha alma expansiva se estendia sobre outros objetos. E sempre atraído para longe de mim por gostos de mil espécies, por apegos amáveis que constantemente ocupavam meu coração, esquecia-me de certa maneira de mim, voltava-me por inteiro ao que me era estranho e experimentava, na contínua agitação de meu coração, toda a vicissitude das coisas humanas. Essa vida tempestuosa não me deixava nem paz por dentro, nem repouso por fora. Feliz na aparência, não tinha um sentimento que pudesse suportar a prova da reflexão e no qual pudesse de fato me comprazer. Nunca estava perfeitamente contente, nem com os outros nem comigo. O tumulto do mundo me aturdia, a solidão me entediava, sentia incessantemente a necessidade de mudar de lugar e não me sentia bem em parte alguma. No entanto, eu era festejado, benquisto, bem acolhido, querido em toda a parte. Não tinha nenhum inimigo, ninguém mal-intencionado ou invejoso. Como procuravam somente me agradar, muitas vezes eu mesmo tinha o prazer de agradá-los, e, sem bens, sem emprego, sem protetores, sem grandes talentos desenvolvidos ou conhecidos, eu usufruía das vantagens ligadas a tudo isso, e não via ninguém em nenhuma situação cuja sorte me parecesse preferível à minha. O que me faltava, então, para ser feliz? Eu o ignoro, mas sei que não o era.

O que me falta hoje para ser o mais desafortunado dos mortais? Nada, os homens em tudo contribuíram para isso. Pois bem, mesmo nesse estado deplorável, eu não trocaria meu ser e meu destino pelo do mais afortunado dentre eles, e prefiro muito mais ser eu, em toda a minha miséria, a ser alguma dessas pessoas em toda a sua prosperidade. Reduzido a mim mesmo, eu me alimento, é verdade, de minha própria substância, que não se esgota; basto-me, ainda que rumine, por assim dizer, no vazio e que minha imaginação esgotada e minhas ideias apagadas não forneçam mais alimentos a meu coração. Minha alma ofuscada e obstruída por meus órgãos se abate a cada dia; sob o peso dessas pesadas cargas, não tem mais vigor suficiente para lançar-se para fora de seu velho envoltório, como outrora.

É a esse retorno a si que nos força a adversidade, e talvez seja isso que a torne mais insuportável para a maioria dos homens. Para mim, que encontro somente faltas para me censurar, acuso minha fraqueza e me consolo, pois nunca um mal premeditado aproximou-se de meu coração.

No entanto, a menos que seja estúpido, como contemplar por um momento minha situação sem vê-la tão horrível quanto a tornaram e sem perecer de dor e desespero? Longe disso, eu, o mais sensível dos seres, contemplo-a e não me comovo; e sem combate, sem esforços sobre mim mesmo, vejo-me quase com indiferença num estado que talvez nenhum outro homem suportasse sem pavor.

Como cheguei a isso? Estive muito longe dessa disposição pacífica quando da primeira suspeita do complô, no qual estava enlaçado havia muito sem percebê-lo. Essa descoberta transtornou-me. Desprevenido, a infâmia e a traição me pegaram de surpresa. Que alma honesta está preparada para tais gêneros de sofrimentos? Seria preciso merecê-los para poder prevê-los. Caí em todas as armadilhas que colocaram sob meus passos; a indignação, o furor, o delírio, tomaram conta de mim, perdi a tramontana. Minha mente transtornou-se e, nas trevas horríveis, nas quais não cessaram de me mergulhar, não mais entrevi luz para me guiar, nem apoio ou suporte em que pudesse manter-me firme e resistir ao desespero que me arrastava.

Como viver feliz e tranquilo nesse estado horrível? Ainda estou nele, e mais afundado do que nunca; no entanto, nele reencontrei a calma e a paz, e vivo feliz e tranquilo, rindo dos incríveis tormentos que meus perseguidores se impõem sem cessar, enquanto continuo em paz, ocupado com flores, estames e criancices, e nem mesmo penso neles.

Como se deu essa passagem? De maneira natural, imperceptível e sem esforço. A primeira surpresa foi terrível. Eu, que me sentia digno de amor e estima; eu, que me acreditava honrado, querido como merecia sê-lo, vi-me travestido de repente num monstro pavoroso, tal como jamais existiu. Vejo toda uma geração precipitar-se inteiramente nessa estranha opinião, sem explicação, sem dúvida, sem vergonha e sem que eu possa jamais chegar à causa dessa esquisita revolução. Debati-me com violência e, com isso, não fiz senão me enredar ainda mais. Quis forçar meus perseguidores a se explicarem, mas eles se abstiveram. Após me atormentarem por muito tempo sem sucesso, foi necessário tomar fôlego. Contudo, sempre esperava e dizia a mim mesmo: uma cegueira tão estúpida, uma tão absurda prevenção contra mim não poderia envolver todo o gênero humano. Há homens sensatos que não partilham desse delírio e almas justas que detestam a trapaça e os traidores. Procuremos por eles, talvez eu encontre um homem finalmente; e quando o encontro, é desmascarado. Procurei em vão, não o encontrei de modo algum. A liga é universal, sem exceção, sem retorno, e estou seguro de terminar meus dias nessa horrenda proscrição, sem jamais desvendar o mistério.

Devaneios do caminhante solitário

Foi nesse estado deplorável que, após longas angústias, em vez do desespero que parecia dever ser finalmente meu quinhão, encontrei a serenidade, a tranquilidade, a paz, e mesmo a felicidade, pois cada dia de minha vida me relembra com prazer o anterior e não desejo nenhum outro para o dia seguinte.

De onde vem essa diferença? De uma única coisa: aprendi a suportar o jugo da necessidade sem me lamuriar. É que eu me esforçava para ainda me agarrar a mil coisas e, como todas elas sucessivamente me escaparam, reduzido apenas a mim, recuperei finalmente minha estabilidade. Pressionado por todos os lados, permaneço em equilíbrio porque não me apego mais a nada, apoio-me apenas em mim.

Quando me erguia com tanto ardor contra a opinião, ela ainda me subjugava sem que o percebesse. Queremos ser estimados pelas pessoas que estimamos. Enquanto julguei os homens de maneira favorável, ou pelo menos alguns deles, os julgamentos que faziam a meu respeito não me eram indiferentes. Percebia que, muitas vezes, os julgamentos do público eram equânimes, mas não via que essa equidade era efeito do acaso; as regras nas quais os homens fundam suas opiniões são retiradas apenas de suas paixões ou de seus preconceitos, os quais resultam daquelas; e mesmo quando julgam bem, ainda assim esses bons julgamentos frequentemente nascem de um mau princípio, como quando fingem honrar o mérito de um homem em algum sucesso, não por espírito de justiça, mas para dar-se um ar imparcial, caluniando à vontade o mesmo homem sob outros aspectos.

Quando, depois de longas e vãs buscas, eu os vi permanecerem todos, sem exceção, no mais iníquo e absurdo sistema que um espírito infernal pôde inventar; quando vi que, em relação a mim, a razão fora banida de todas as cabeças e a equidade de todos os corações; quando vi uma geração frenética entregar--se por inteiro ao cego furor de seus guias contra um desafortunado que nunca fez, desejou ou devolveu o mal a ninguém; quando, após ter procurado um homem em vão, foi preciso finalmente apagar minha lanterna e exclamar que não havia nenhum, então, comecei a ver-me sozinho sobre a terra e compreendi que meus contemporâneos eram, em relação a mim, seres mecânicos que agiam somente por impulso, cuja ação eu não podia calcular senão pelas leis do movimento. Qualquer intenção, qualquer paixão que pudesse supor em suas almas jamais teria explicado sua conduta em relação a mim de uma maneira que eu pudesse entender. Foi assim que suas disposições interiores deixaram de significar alguma coisa. Passei a ver neles não mais que massas amorfas diversas, desprovidas, em relação a mim, de qualquer moralidade.

Em todos os males que nos advêm, olhamos mais a intenção do que o efeito. Uma telha que cai de um telhado pode nos machucar muito, mas não nos fere tanto quanto uma pedra atirada de propósito por uma mão maldosa. O golpe às vezes erra o alvo, mas a intenção nunca o perde. A dor física é a que menos sentimos nos ataques da fortuna, e quando os desafortunados não sabem a quem culpar por suas desgraças, culpam o destino, que eles personificam e ao qual emprestam olhos e inteligência para atormentá-los de propósito. É assim que um jogador desapontado com suas perdas se enfurece sem saber contra quem. Ele imagina uma sina que o persegue para atormentá-lo e, encontrando alimento em sua cólera, anima-se e inflama-se contra o inimigo que criou. O homem sensato, que vê em todos os infortúnios que o atingem apenas os golpes da cega fatalidade, não tem aquelas insensatas agitações; ele

Devaneios do caminhante solitário

grita em sua dor, mas sem exaltação, sem cólera; não sente o mal do qual é a presa tanto quanto sente o ataque material; os golpes que recebe podem ferir sua pessoa, mas nenhum chega a seu coração.

Já é muito ter chegado até esse ponto, mas não é suficiente se paramos aqui. Seria cortar de fato o mal, mas deixar a raiz. Pois essa raiz não está nos seres que nos são estranhos, ela está em nós, e é aí que é preciso trabalhar para arrancá-la inteiramente. Eis o que senti perfeitamente desde que comecei a retornar a mim. Como minha razão me mostrava apenas absurdidades em todas as explicações que busquei dar ao que me acontecia, compreendi que as causas, os instrumentos e os meios de tudo isso, sendo-me desconhecidos e inexplicáveis, deviam ser nulos para mim; que eu devia considerar todos os detalhes de meu destino como atos de pura fatalidade, na qual não devia supor nem direção, nem intenção, nem causa moral; que era preciso submeter-me a ela sem raciocinar e sem resistir, pois isso era inútil; que, como tudo o que ainda tinha para fazer sobre a terra era olhar-me como ser puramente passivo, não devia resistir inutilmente ao meu destino com a força que me restava para suportá-lo. Eis o que dizia a mim mesmo. Minha razão e meu coração aquiesciam a isso, no entanto, ainda sentia esse coração lamentar. De onde vinha essa lamúria? Procurei pela fonte, e a encontrei. Vinha do amor-próprio que, após se indignar contra os homens, ainda se erguia contra a razão.

Não foi uma descoberta tão fácil quanto se poderia acreditar, pois um inocente perseguido considera, por muito tempo, como puro amor pela justiça, o orgulho de seu pequeno indivíduo. Mas, também, uma vez conhecida a verdadeira fonte, é fácil interrompê-la ou pelo menos desviar-se dela. A estima de si é o maior móbil das almas altivas; o amor-próprio, fértil em ilusões, se disfarça e se faz passar por essa estima. Mas, quando a fraude enfim é descoberta, o amor-próprio não pode mais se esconder. Desde então, não mais amedronta, e, ainda que o sufoquemos com dificuldade, pelo menos o subjugamos facilmente. Jamais tive muita inclinação ao amor-próprio. Mas essa paixão factícia se exaltava em mim na sociedade e, sobretudo, quando fui autor; talvez o tivesse ainda menos que outros, mas o tinha de forma prodigiosa. As terríveis lições que recebi logo o encerraram em seus limites; ele começou por se revoltar contra a injustiça, mas acabou por desdenhá-la. Ao envolver minha alma e cortar as relações externas que o tornavam exigente e ao renunciar às comparações e às preferências, ele contentou--se que eu fosse bom para mim. Então, voltando a ser amor por mim, retornou à ordem da natureza e me libertou do jugo da opinião.

Desde então, reencontrei a paz de espírito e quase a beatitude. Em qualquer situação em que nos encontremos, é sempre por causa dele que ficamos infelizes. Quando ele se cala e a razão fala, ela nos consola enfim de todos os males que ele não pôde nos evitar. Ela, inclusive, os aniquila mesmo quando não agem imediatamente sobre nós, pois, assim, estaremos seguros de evitar seus mais pungentes ataques deixando de nos ocupar com eles. Eles não são nada para aquele que não pensa neles. As ofensas, as vinganças, as violações de direitos, os ultrajes e as injustiças nada são para aquele que vê nos males que suporta apenas o próprio mal e não a intenção; nada são para aquele cujo lugar não depende, em sua própria estima, daquela que agrada aos outros lhe conceder. Qualquer que seja a maneira que os homens queiram me ver, não poderiam mudar meu

Devaneios do caminhante solitário

ser e, malgrado seu poder e todas as suas surdas intrigas, eu continuarei, seja lá o que façam, a ser o que sou, apesar deles. É verdade que suas disposições a meu respeito influem em minha situação real. A barreira que colocaram entre eles e mim retira-me qualquer recurso de subsistência e assistência em minha velhice e em minhas necessidades. Ela torna até mesmo o dinheiro inútil, pois ele não pode me proporcionar os serviços que me são necessários; não há mais qualquer comércio, nem socorro recíproco, nem correspondência entre eles e mim. Sozinho no meio deles, tenho apenas a mim como recurso, e esse recurso é bastante fraco na minha idade e no estado em que me encontro. Esses males são grandes, mas perderam toda sua força sobre mim desde que aprendi a suportá-los sem me irritar. As coisas em que a verdadeira necessidade se faz sentir são sempre raras. A previdência e a imaginação as multiplicam, e é por meio dessa continuidade de sentimentos que nos inquietamos e tornamo-nos infelizes. Quanto a mim, por mais que saiba que sofrerei amanhã, basta-me não sofrer hoje para ficar tranquilo. Não me permito ser afetado pelo mal que antevejo, apenas por aquele que sinto, e isso o reduz a muito pouca coisa. Sozinho, doente e abandonado em meu leito, posso nele morrer de indigência, de frio e de fome sem que ninguém se preocupe. Mas que importa, se eu mesmo não me preocupo, e se tampouco me aflijo, assim como os demais, com o meu destino, qualquer que ele seja? Será que não é nada, sobretudo na minha idade, ter aprendido a ver a vida e a morte, a doença e a saúde, a riqueza e a miséria, a glória e a difamação com a mesma indiferença? Todos os outros velhos se inquietam com tudo; eu não me inquieto com nada; o que quer que possa acontecer, tudo me é indiferente, e essa indiferença não é obra de minha sabedoria, mas de meus inimigos. Aprendamos a aceitar, então, essas vantagens como uma compensação pelos males que me fizeram. Ao me tornar insensível à adversidade, fizeram-me um bem maior do que se tivessem me poupado de seus ataques. Ao não a experimentar, poderia ainda temê-la, ao passo que ao subjugá-la, não a temo mais.

Essa disposição abandona-me, em meio às trilhas da minha vida, à incúria de minha índole, quase tão plenamente quanto se vivesse na mais completa prosperidade. Com exceção dos breves momentos em que a presença dos objetos me faz lembrar as mais dolorosas inquietações, todo o resto do tempo, liberado por minhas inclinações às afeições que me atraem, meu coração ainda se nutre dos sentimentos para os quais nasceu, e deles desfruto com os seres imaginários que os produzem e os compartilham como se eles existissem realmente. Eles existem para mim, que os criei, e não temo que me traiam nem que me abandonem. Durarão tanto quanto minhas desgraças e bastarão para me fazer esquecê-las.

Tudo me reconduz à vida feliz e doce para a qual nasci. Passo três quartos da vida ora ocupado com objetos instrutivos, e até mesmo agradáveis, aos quais entrego com prazer meu espírito e meus sentidos; ora com os filhos de minhas fantasias, criados segundo meu coração, cujos sentimentos são nutridos por essa companhia; ora apenas sozinho, satisfeito comigo e pleno da felicidade que sinto me ser devida. Em tudo isso, é o amor por mim que age, o amor-próprio não se manifesta em nada.[1] Não

---

1 O *amor de si*, paixão primitiva da qual todas as outras se originam (cf. *Emílio*, Livro IV), leva o homem a cuidar de sua conservação sem prejudicar quem quer que seja, pois ela se faz acompanhar da piedade,

Devaneios do caminhante solitário

são assim os tristes momentos que ainda passo em meio aos homens, joguete de suas lisonjas traidoras, de seus elogios empolados e irrisórios, de sua melosa malignidade. Qualquer que seja a maneira pela qual eu possa agir no meio deles, o amor- -próprio entra em jogo. O ódio e a animosidade que vejo em seus corações, através desse grosseiro envoltório, dilaceram o meu de dor; e a ideia de ser assim tomado por um tolo acrescenta a essa dor um despeito muito pueril, fruto de um tolo amor-próprio, cuja tolice sinto inteiramente, mas não consigo subjugar. Os esforços que fiz para me acostumar a esses olhares insultuosos e zombadores são inacreditáveis. Cem vezes passei pelas vias públicas e pelos locais mais frequentados com o único propósito de habituar-me a essas cruéis mentiras. Não apenas não consegui, como inclusive nada avancei, e todos os meus penosos e vãos esforços tornaram-me tão fácil de perturbar, de afligir, de indignar quanto antes.

Dominado por meus sentidos, não importando o que eu pudesse fazer, nunca soube resistir às suas impressões e, enquanto o objeto age sobre eles, meu coração não deixa de ser

---

princípio anterior à razão que "nos inspira uma repugnância natural em ver perecer ou sofrer todo ser sensível e principalmente nossos semelhantes" (cf. *Discurso sobre a origem da desigualdade*). Já o *amor-próprio* surge com a alteração da constituição humana, no decorrer do processo de socialização. A comparação que fazemos entre nós e os demais produz o *amor-próprio*, transforma nele a paixão natural por excelência, o *amor de si*. Rousseau estabelece uma distinção essencial entre elas: do *amor de si* "nascem todas as paixões ternas e doces", enquanto "do amor-próprio, todas as paixões rancorosas e cruéis" (cf. *Rousseau juiz de Jean-Jacques*, "Segundo diálogo"). Sobre essa distinção, ver também a nota XV (nota O) do *Discurso sobre a origem da desigualdade*. (N. T.)

afetado; mas essas afeições passageiras somente duram tanto quanto a sensação que as causa. A presença do homem odioso afeta-me violentamente, mas tão logo ele desaparece, a impressão cessa; no instante em que não o vejo, não penso mais nele. Por mais que eu saiba que se ocupará de mim, não poderia me ocupar dele. O mal que não sinto atualmente não me afeta de forma alguma; o perseguidor que não vejo é inexistente para mim. Sinto a vantagem que essa posição confere àqueles que dispõem de meu destino. Então, que disponham dele como lhes aprouver. Prefiro que me atormentem sem resistência a ser forçado a pensar neles para me defender de seus golpes.

Essa ação de meus sentidos sobre meu coração constitui o único tormento de minha vida. Os dias em que não vejo ninguém, não penso mais em meu destino, não o sinto mais, não sofro mais. Sou feliz e contente, sem distração e sem obstáculo. Mas, raras vezes, escapo a algum ataque sensível, e, quando menos espero, um gesto, um olhar sinistro que percebo, uma palavra envenenada que ouço, alguém mal-intencionado que reencontro bastam para me transtornar. Tudo o que posso fazer, em semelhante caso, é esquecer bem rápido e fugir. A agitação de meu coração desaparece junto do objeto que a causou, e retorno à calma assim que me encontro sozinho. Ou, se alguma coisa me inquieta, é o temor de reencontrar em meu caminho algum novo motivo de dor. Essa é minha única pena, mas basta para alterar minha felicidade. Moro no centro de Paris. Ao sair de casa, anseio pelo campo e pela solidão, mas é preciso procurá-los tão longe que, antes de poder respirar à vontade, encontro em meu caminho milhares de objetos que me apertam o coração, e a metade do dia se passa em meio a angústias, até que eu chegue ao refúgio que busco. Fico feliz

Devaneios do caminhante solitário

quando, pelo menos, me deixam terminar minha jornada. O momento em que escapo ao cortejo dos malvados é delicioso, e assim que me vejo sob as árvores, em meio à vegetação, creio me encontrar no paraíso terrestre, e experimento um prazer interior tão intenso quanto se fosse o mais feliz dos mortais.

Lembro-me perfeitamente que, durante meus breves períodos de prosperidade, essas mesmas caminhadas solitárias, hoje tão deliciosas, pareciam-me insípidas e entediantes. Quando estava na casa de alguém no campo, a necessidade de exercitar-me e de respirar ao ar livre levava-me, muitas vezes, a sair sozinho e, escapando como um ladrão, ia caminhar no parque ou no campo. Porém, longe de encontrar a calma feliz que experimento hoje, levava a agitação das ideias vãs, com as quais havia me ocupado nos salões; a lembrança da companhia que lá deixara me seguia. Na solidão, os vapores do amor-próprio e o tumulto do mundo desbotavam, diante dos meus olhos, o frescor dos bosques e perturbavam a paz do retiro. Por mais que fugisse para dentro dos bosques, uma multidão importuna seguia-me por todos os lados e encobria toda a natureza. Apenas depois de ter desligado-me das paixões sociais e de seu triste cortejo é que a reencontrei com todos os seus encantos.

Convencido da impossibilidade de conter esses primeiros movimentos involuntários, interrompi todos os meus esforços. Deixo, a cada ataque, meu sangue se inflamar, a cólera e a indignação apoderarem-se de meus sentidos; entrego à natureza essa primeira explosão que nem todas as minhas forças juntas poderiam parar ou suspender. Trato apenas de interromper sua continuação antes que produzam algum efeito. Os olhos brilhantes, o ardor do rosto, o estremecimento dos membros, as sufocantes palpitações, tudo isso diz respeito unicamente ao físico, e o raciocínio nada pode. Contudo, após deixar essa primeira explosão acontecer de maneira natural, pode voltar a ser seu próprio mestre, recobrando pouco a pouco os sentidos; foi o que tratei de fazer durante muito tempo sem sucesso, até que por fim o obtive felizmente. E deixando de empregar minha força em vã resistência, espero o momento de vencer, deixando minha razão agir, pois ela só fala comigo quando se faz ouvir. Ah! Mas que digo eu!? Minha razão? Seria um grande erro atribuir-lhe a honra desse triunfo, pois ela quase não tem parte nisso. Tudo vem igualmente de um temperamento versátil que um vento impetuoso agita, mas que volta à calma assim que ele para de soprar. É minha natureza ardente que me agita, é minha natureza indolente que me apazigua. Cedo a todos os impulsos presentes; todo choque provoca em mim um movimento intenso e breve; assim que cessa o choque, o movimento cessa, e nada do que é comunicado pode se prolongar em mim. Todos os acontecimentos do acaso, todas as maquinações dos homens têm pouco poder sobre um homem assim constituído. Para me afetar com penas duradouras, seria preciso que a impressão se renovasse a cada instante, pois os intervalos, por mais breves que sejam, bastam para devolver-me a mim. Sou aquilo que agrada aos homens enquanto podem agir sobre meus sentidos, mas, no primeiro instante de descanso, volto a ser o que a natureza quis; isto é, o que quer que possam fazer, volto ao meu estado mais constante, aquele por meio do qual, apesar de meu destino, experimento uma felicidade para a qual me sinto constituído. Descrevi esse estado em um dos meus devaneios. Ele me convém tão bem que não desejo outra coisa além de sua continuidade, e só temo vê-lo perturbado. O mal que os homens fizeram a mim não me toca de maneira

Devaneios do caminhante solitário

alguma; apenas o temor do que ainda podem me fazer é capaz de me agitar. Porém, certo de que não têm novo poder pelo qual possam me afetar com um sentimento permanente, só me resta rir de todas as suas tramas e desfrutar de mim, apesar deles.

Nona caminhada

A felicidade é um estado permanente que não parece feito, neste mundo, para o homem. Tudo que há sobre a terra está num fluxo contínuo que não permite que nada tenha uma forma constante. Tudo muda à nossa volta. Nós mudamos, e ninguém pode garantir que gostará amanhã do que gosta hoje. Assim, todos os nossos projetos de beatitude para esta vida são quimeras. Aproveitemos quando vem o contentamento de espírito, evitemos afastá-lo por nossa culpa e não façamos projetos para aprisioná-lo, pois tais projetos são puras loucuras. Vi poucos homens felizes, talvez nenhum, mas, muitas vezes, vi corações contentes, e, de todos os objetos que me impressionaram, esse é o que mais me satisfez. Acredito ser essa uma consequência natural do poder das sensações sobre meus sentimentos internos. A felicidade não apresenta nenhum sinal exterior; para conhecê-la, seria preciso ler o interior do coração do homem feliz. Mas o contentamento pode ser lido nos olhos, no porte, no acento, no caminhar, e parece se comunicar diretamente àquele que o percebe. Existe fruição mais doce do que ver um povo inteiro entregar-se à alegria de um dia de festa, e todos os corações desabrocharem aos raios expansivos do prazer, que, embora rapidamente, mas de maneira intensa, passa através das nuvens da vida? Há três dias, o senhor P. veio com uma extraordinária prontidão mostrar-me o elogio do senhor d'Alembert à senhora Geoffrin. A leitura foi precedida por longas e grandes gargalhadas sobre o ridículo ar de novidade dessa peça e dos trocadilhos jocosos, dos quais, segundo dizia, ela estava repleta. Começou a ler ainda rindo. Eu o escutava com uma seriedade que o acalmou, e, vendo que eu não o imitava, parou enfim de rir. O artigo mais longo e rebuscado dizia respeito ao prazer da senhora Geoffrin ao observar as crianças e incentivá-las a conversar. O autor extraía dessa disposição, com toda razão, uma prova de sua boa índole. Mas não se detinha aí: ele ainda acusava, de maneira decisiva, por sua má índole e sua maldade, todos aqueles que não tinham o mesmo gosto, a ponto de dizer que, se interrogassem aqueles que são conduzidos à forca ou à roda, todos conviriam que não tinham amado as crianças. Essas asserções engendravam, no lugar em que se encontravam, um efeito singular. Supondo que tudo isso fosse verdade, seria essa a ocasião para dizê-lo e manchar o elogio de uma mulher estimável com imagens de suplício e de malfeitores? Compreendi facilmente o motivo dessa afetação indelicada, e quando o senhor P. terminou de ler, ressaltando o que me pareceu bom no elogio, acrescentei que o autor, ao escrevê-lo, tinha no coração menos amizade do que ódio.

No dia seguinte, estando o tempo muito bom, ainda que um pouco frio, fui fazer uma caminhada até a Escola Militar, esperando encontrar lá musgos em floração. No caminho, devaneava sobre a visita da véspera e o escrito do senhor d'Alembert, cujo trecho destoante e episódico eu pensava não ter sido introduzido sem propósito, e somente a afetação de trazer aquela brochura até mim, de quem tudo é escondido, já bastaria para revelar-me qual era o seu objetivo. Eu colocara meus filhos no Enfants-Trouvés.[1] Isso bastou para ser travestido de pai desnaturado; e, a partir daí, ao estender e nutrir essa ideia, chegaram pouco a pouco à evidente conclusão de que eu odiava crianças; seguindo, com o pensamento, o encadeamento dessas gradações, admirava a arte com a qual a engenhosidade humana sabe transformar as coisas brancas em pretas. Não creio que jamais algum homem tenha amado mais do que eu ver crianças pequenas brincarem e se divertirem juntas, e, muitas vezes, na rua e durante os passeios, paro para ver suas travessuras e seus pequenos jogos com um interesse que não vejo ser partilhado com mais ninguém. No mesmo dia em que o senhor P. veio ter comigo, uma hora antes de sua visita, vieram aqui as duas crianças Du Soussoi, os filhos mais novos de meu anfitrião, sendo que o mais velho devia ter uns 7 anos. Beijaram-me com tão boa vontade, e eu lhes devolvera com tal ternura seus afagos, que, apesar da disparidade das idades, pareciam ter gostado de mim sinceramente. Quanto a mim, fiquei exaltado de alegria ao ver que minha velha figura não os repelira; o mais novo, inclusive, parecia tão espontâneo diante de mim que, mais criança que ele, eu já me senti afeiçoado a ele imediatamente, e o vi partir com tanto pesar quanto se fosse meu.

---

1 Rousseau se refere ao Hôpital des Enfants-Trouvés, instituição religiosa criada para o acolhimento de crianças abandonadas. A publicação póstuma da obra *Consolations des misères de ma vie, recueil d'airs, romances et duos*, em1781, se fez em benefício daquela instituição de caridade, o Hôpital des Enfants-Trouvés. (N. T.)

Compreendo que a reprovação por ter colocado meus filhos no orfanato tenha degenerado facilmente, com um pouco de distorção, na censura por ser um pai desnaturado e odiar crianças. Entretanto, é certo que o que mais determinou essa minha atitude foi o temor de um destino mil vezes pior para eles, quase inevitável por qualquer outra via. Em minha situação, sem condições de criá-los, seria necessário, caso eu me importasse menos sobre o que se tornariam, deixar que fossem criados por sua mãe, que os teria mimado, e por sua família, que deles teria feito monstros. Ainda tremo ao pensar nisso. Aquilo em que Maomé transformou Séide[2] não é nada perto daquilo em que os tornariam, em relação a mim, e as armadilhas que logo a seguir me prepararam confirmam que tal projeto havia sido concebido. Na verdade, eu estava longe de prever essas tramas atrozes, mas sabia que a educação menos perigosa para eles seria a do orfanato, e lá os coloquei. Eu o faria de novo com bem menos dúvidas, se isso tivesse de ser feito, e sei muito bem que nenhum pai é mais terno do que eu teria sido para eles, por pouco que o hábito tivesse ajudado a natureza.

Se fiz algum progresso no conhecimento do coração humano, devo isso ao prazer que tenho em ver e observar crianças. Em minha juventude, esse mesmo prazer introduziu uma espécie de obstáculo, pois brincava com as crianças tão alegremente e com tão boa vontade que quase não pensava em estudá-las. Mas quando, ao envelhecer, vi que minha figura caduca as inquietava, abstive-me de importuná-las. Preferi privar-me de um prazer a lhes perturbar a alegria, e então, contente em satisfa-

---

2 Referência à tragédia *Mahomet*, de Voltaire. Seïde, uma das personagens da peça, é convencida por Maomé a assassinar seu próprio pai. (N. T.)

zer-me observando seus jogos e todas as suas pequenas brincadeiras, encontrei a compensação de meu sacrifício nas luzes que essas observações me fizeram adquirir sobre os primeiros e verdadeiros movimentos da natureza, sobre os quais nossos sábios nada conheciam. Consignei, em meus escritos, a prova de que eu tinha me ocupado dessa pesquisa com tal zelo que não posso tê-la feito senão com prazer; e, seguramente, seria a coisa mais inacreditável que *Nova Heloísa* e *Emílio* fossem obras de um homem que não amasse as crianças.

Nunca tive nem presença de espírito nem facilidade para falar; mas desde o início de meus infortúnios, minha língua e minha mente estão cada vez mais embaraçadas. A ideia e a palavra adequada me escapam igualmente, e nada exige um discernimento melhor e uma escolha de expressões mais exata do que as coisas ditas às crianças. O que aumenta ainda mais essa dificuldade é a atenção dos ouvintes, as interpretações e o peso que dão a tudo que vem de um homem que, tendo escrito expressamente sobre as crianças, deve supostamente lhes falar apenas por meio de oráculos. Esse incômodo extremo e minha inaptidão perturbam-me, desconcertam-me, e eu ficaria muito mais à vontade diante de um monarca da Ásia do que diante de uma criancinha, com quem tivesse que tagarelar.

Outro inconveniente me mantém agora mais afastado delas: desde meus infortúnios, eu as vejo sempre com o mesmo prazer, mas com elas não tenho mais a mesma familiaridade. As crianças não apreciam a velhice. O aspecto da natureza decadente é hediondo a seus olhos. A repugnância que nelas percebo me aborrece, prefiro abster-me de acariciá-las a provocar-lhes aversão ou desgosto. Esse motivo, que só age sobre as almas verdadeiramente amorosas, é nulo em todos os nossos doutores e doutoras. A senhora Geoffrin preocupava-se muito pouco se as crianças sentiam prazer em sua companhia, desde que ela o sentisse. Mas, para mim, esse prazer é pior que nada, é negativo quando não compartilhado, e não estou mais em situação, nem na idade, em que via o pequeno coração de uma criança se iluminar junto ao meu. Esse prazer, tendo se tornado mais raro, seria para mim ainda mais intenso se pudesse acontecer. Eu o experimentei naquela manhã, quando me pus a afagar os pequenos de Du Soussoi; não apenas porque a babá que os conduzia não me intimidava muito e senti menos a necessidade de me conter diante dela, mas também porque o ar jovial com que me abordaram não os abandonou, e não pareceram nem se aborrecer, nem se entediar comigo.

Oh! Se ainda tivesse momentos de puro carinho que viesse do coração, mesmo que fosse de uma criança ainda muito pequena, se ainda pudesse ver em alguns olhos a alegria e o contentamento de estar em minha companhia, quantos males e sofrimentos não me compensariam essas breves, mas doces, efusões do coração? Oh! Não seria obrigado a buscar entre os animais o olhar de benevolência que, com frequência, me é recusado pelos humanos. Posso julgá-lo com base em pouquíssimos exemplos, mas sempre caros à minha lembrança. Aqui está um que, em qualquer outro estado, teria quase esquecido, e cuja impressão em mim produzida retrata muito bem toda a minha miséria. Há dois anos, tendo ido passear para os lados da Nouvelle France, caminhei um pouco mais longe virando à esquerda; e querendo dar umas voltas por Montmartre, atravessei o bairro de Clignancourt. Caminhava distraído e perdido em devaneios, sem olhar ao meu redor, quando, de repente, senti agarrarem meus joelhos. Olho e vejo uma pequena criança de 5 ou 6 anos que apertava meus joelhos com toda a sua força,

Devaneios do caminhante solitário

olhando-me com um ar tão familiar e carinhoso que minhas entranhas se comoveram. Dizia a mim mesmo: "É assim que eu teria sido tratado pelos meus". Peguei a criança no colo, beijei-a várias vezes, numa espécie de transe, e, então, continuei meu caminho. Ao caminhar, senti que me faltava alguma coisa. Uma necessidade crescente me fazia querer voltar. Censurava--me por ter deixado o infante de maneira tão brusca; acreditava ver em sua ação, sem motivo aparente, uma espécie de inspiração que não devia ser desprezada. Por fim, cedendo à tentação, voltei sobre meus passos. Corri até a criança, abracei-a de novo, dei-lhe dinheiro para comprar pãezinhos de Nanterre de um vendedor que passava ali por acaso, e a incentivei a falar. Perguntei-lhe onde estava seu pai, e ela mostrou o homem que colocava aros em tonéis. Estava prestes a deixar a criança para ir falar com ele, quando vi que ele falava com um homem de má aparência, que me pareceu ser um daqueles espias que, sem cessar, estão em meus calcanhares. Enquanto esse homem lhe falava ao ouvido, vi o olhar do tanoeiro fixarem-se atentamente sobre mim, com um ar que nada tinha de amigável. Isso me apertou o coração na mesma hora, e deixei o pai e a criança com mais prontidão do que tivera para voltar, mas agora numa agitação menos agradável, que muda todas as minhas disposições.

Senti-as, no entanto, renascer muitas vezes desde então; passei várias vezes por Clignancourt na esperança de rever essa criança, mas nunca mais a vi, nem a seu pai, e, daquele encontro, restou apenas uma lembrança muito viva, sempre um misto de doçura e tristeza, como todas as emoções que ainda penetram algumas vezes em meu coração.

Há compensação para tudo. Se meus prazeres são raros e breves, sempre que ocorrem eu os experimento com mais intensidade do que se me fossem familiares; rumino-os, por assim dizer, com frequentes recordações e, por mais raros que sejam, se fossem puros e sem mistura, talvez eu fosse mais feliz do que em minha prosperidade. Na extrema miséria, sentimo-nos ricos com pouco. Um mendicante que encontra um escudo fica mais impressionado do que um rico ao encontrar uma bolsa de ouro. As pessoas ririam se vissem, em minha alma, a impressão causada pelos menores prazeres dessa espécie que posso subtrair à vigilância de meus perseguidores. Um dos mais doces desses prazeres ofereceu-se há quatro ou cinco anos, do qual nunca me lembro sem sentir-me emocionado por tê-lo aproveitado tão bem.

Num domingo, minha mulher e eu fomos jantar à Porte Maillot. Após o jantar, atravessamos o bosque de Boulogne até a Porte de la Muette. Ali, nos sentamos à sombra sobre a grama, esperando que o sol baixasse para, em seguida, retornar com tranquilidade por Passy. Umas vinte meninas, conduzidas por uma espécie de religiosa, vieram, algumas delas, sentar-se e outras brincar perto de nós. Durante suas brincadeiras, passou um vendedor de *oublies*[3] com sua caixa e sua roleta, em busca de fregueses. Vi que as garotas cobiçavam muito os *oublies*, e duas ou três delas, que pareciam ter alguns trocados, pediram permissão para girar a roleta. Enquanto a governanta hesitava e discutia, chamei o vendedor, e disse: "Faça cada uma dessas senhoritas jogar uma vez, e eu o pagarei". Essa frase espalhou, por todo o grupo, uma alegria que, sozinha, teria mais que me reembolsado se eu tivesse empregado todo meu dinheiro nisso.

---

3 Tipo de biscoito doce fino, semelhante, em algumas regiões do Brasil, a taboca, biju, triguilim ou chegadinho. Os compradores giravam uma roleta e, dependendo do resultado que tiravam, podiam ganhar mais *oublies*. (N. T.)

Como vi que elas se agitavam com um pouco de confusão, com o consentimento da governanta, pedi-lhes que se enfileirassem de um lado e, depois, passassem para o outro lado, uma após a outra, à medida que jogavam. Ainda que não houvesse nenhum bilhete em branco, e fosse atribuído pelo menos um *oublie* para quem não acertasse nada, e nenhuma delas pudesse estar absolutamente descontente, a fim de tornar a festa ainda mais alegre, pedi secretamente ao vendedor que usasse sua habilidade usual em sentido contrário, fazendo sair tantos prêmios quanto pudesse, que eu lhe pagaria todos. Por meio dessa previdência, houve perto de uma centena de prêmios distribuídos, apesar de as jovens jogarem apenas uma vez cada uma, pois quanto a isso fui implacável, não querendo favorecer abusos ou demonstrar preferências que produziriam descontentamentos. Minha mulher sugeriu, àquelas que ganhavam bons prêmios, que partilhassem, e, graças a isso, a partilha tornou-se quase igual e a alegria mais generalizada.

Roguei à religiosa que também jogasse, embora temendo que rejeitasse com desdém a minha oferta. Mas ela aceitou de bom grado, jogou com as alunas e pegou sem cerimônia o que lhe cabia. Fiquei infinitamente grato, e encontrei nisso um tipo de polidez que muito me agradou, acredito que ela vale muito mais que afetações. Durante toda essa operação, houve disputas trazidas perante meu tribunal, e essas meninas vinham, uma depois da outra, defender sua causa, dando-me ocasião de observar que, ainda que nenhuma delas fosse bonita, a gentileza de algumas fazia esquecer sua fealdade.

Por fim, despedimo-nos muito contentes, e essa tarde foi, em toda minha vida, uma das que recordo com maior satisfação. De resto, a festa não foi ruinosa; apesar dos, no máximo, trinta soldos que me custou, houve mais de cem escudos de contentamento. Essa é uma verdade, o verdadeiro prazer não se mede pela despesa, e a alegria é mais amiga dos tostões do que dos luíses. Retornei ainda diversas vezes ao mesmo local, na mesma hora, esperando ali reencontrar o pequeno grupo, porém isso nunca mais ocorreu.

Isso me lembra outro divertimento mais ou menos da mesma espécie, cuja lembrança vem de muito mais longe. Ele se passa na infeliz época em que, ao intrometer-me entre os ricos e os letrados, às vezes via-me reduzido a partilhar de seus tristes prazeres. Estava em Chevrette durante a festa do senhor da casa. Toda a sua família se reunira para celebrá-la, e todo o brilho dos prazeres ruidosos foi empregado para esse efeito. Espetáculos, banquetes, fogos de artifício, nada foi poupado. Não tínhamos tempo para tomar fôlego, e nos atordoávamos em vez de nos divertir. Após o jantar, fomos tomar ar na alameda, onde ocorria uma espécie de feira. Havia dança, os senhores condescenderam em dançar com as camponesas, mas as senhoras mantiveram sua dignidade. Ali vendiam-se pães de mel. Um jovem do grupo resolveu comprar alguns para atirá-los, um após o outro, no meio da multidão, e tiveram tanto prazer em ver aqueles camponeses se precipitarem, disputarem e se jogarem ao chão para pegar algum, que todos quiseram se dar o mesmo prazer. Os pães de mel voavam por todos os lados, e moças e rapazes a correr, amontoavam-se e estropiavam-se; isso parecia divertir a todos. Fiz como os outros, por falsa vergonha, apesar de por dentro não me divertir tanto quanto eles. Mas, logo entediado por esvaziar minha bolsa para fazer as pessoas se esmagarem, deixei ali a boa companhia e fui passear sozinho pela feira. A variedade de objetos me divertiu por muito tempo.

Devaneios do caminhante solitário

Percebi, entre outros, cinco ou seis saboianos ao redor de uma menina que ainda tinha em seu tabuleiro uma dúzia de maçãs mirradas, das quais gostaria de se livrar. Os saboianos, por sua vez, queriam livrá-la delas, mas todos juntos só tinham dois ou três tostões, que não eram suficientes para comprar muitas maçãs. Aquele cesto era para eles o jardim das Hespérides, e a menina, o dragão que o guardava. Essa cena me distraiu por algum tempo; por fim, propiciei o seu desfecho, pagando as maçãs, e fazendo-a distribuí-las aos meninos. Assisti, então, a um dos mais doces espetáculos que podem deleitar o coração de um homem: ver a alegria unida à inocência da idade se espalhar por toda a minha volta. Os próprios espectadores, ao vê-la, dela partilharam, e eu, que partilhara dessa alegria com tão pouco custo, tive ainda a de sentir que era obra minha.

Ao comparar esse divertimento com aqueles que acabara de abandonar, senti com satisfação a diferença que existe entre gostos sadios e prazeres naturais, e aqueles que nascem da opulência e que não passam de prazeres de zombaria e gostos exclusivos engendrados pelo desprezo. Que espécie de prazer se pode ter em ver manadas de homens aviltados pela miséria amontoarem-se, sufocarem-se, estropiarem-se com brutalidade para disputar com avidez alguns pedaços de pão de mel pisados e cobertos de lama?

De minha parte, quando refleti sobre a espécie de voluptuosidade que experimentei nesse tipo de ocasião, descobri que ela consistia menos em um sentimento de benevolência do que no prazer de ver rostos felizes. Esse aspecto tem para mim um encanto que, embora penetre em meu coração, parece ser apenas uma sensação. Se não vejo a satisfação que causo, ainda que dela esteja seguro, só a desfrutarei pela metade. Isso é, até mesmo para mim, um prazer desinteressado que não depende da parte que possa me caber, pois, nas festas populares, o prazer de ver rostos alegres sempre me atraiu com intensidade. Essa expectativa foi, no entanto, muitas vezes frustrada na França, essa nação que se pretende tão alegre, mas que tão pouca alegria mostra em seus divertimentos. Outrora, eu ia às tavernas frequentemente para ver o povo humilde dançar, mas suas danças eram tão enfadonhas, seus modos tão dolentes, tão canhestros, que de lá saía mais entristecido que feliz. Mas, em Genebra e no restante da Suíça, onde o riso não se evapora continuamente em terríveis maldades, tudo na festa exala contentamento e alegria. A miséria não traz a ela seu terrível aspecto. O fausto tampouco mostra sua insolência. Nela, o bem-estar, a fraternidade e a concórdia predispõem os corações a se expandirem, e, muitas vezes, nos arrebatamentos de uma alegria inocente, os desconhecidos aproximam-se, abraçam-se e convidam-se a desfrutar juntos os prazeres do dia. Para gozar eu mesmo dessas amáveis festas, não preciso delas participar. É suficiente vê-las; vendo-as faço parte delas; e entre tantos outros rostos alegres, estou seguro de não haver um coração mais alegre do que o meu.

Ainda que isso não seja senão um prazer ligado à sensação, ele tem certamente uma causa moral, e a prova disso é que esse mesmo aspecto, em vez de me deleitar, de me agradar, pode me dilacerar de dor e indignação quando sei que tais sinais de prazer e de alegria, nos rostos dos maus, não são senão sinais de que sua maldade foi satisfeita. A alegria inocente é a única cujos sinais deleitam meu coração. Os da alegria cruel e zombadora o desolam e afligem, mesmo não tendo relação comigo. Esses sinais, sem dúvida, não poderiam ser os mesmos partindo de princípios tão diferentes, mas, enfim, são igualmente sinais de alegria,

Devaneios do caminhante solitário

e suas diferenças sensíveis com certeza não são proporcionais àquelas dos movimentos que excitam em mim.

Os sentimentos de dor e sofrimento me são ainda mais sensíveis, a tal ponto que é impossível suportá-los sem ser agitado por emoções talvez ainda mais vivas do que as que esses sentimentos representam. Ao reforçar a sensação, a imaginação identifica-me com o ser sofredor e, muitas vezes, me dá mais angústia do que ele a sente. Um rosto descontente ainda me é um espetáculo impossível de suportar, sobretudo se há motivos para pensar que esse descontentamento me diz respeito. Eu não saberia dizer o quanto me arrancou de moedas o ar rabugento e mal-humorado dos criados que servem com má vontade nas casas onde outrora cometi a tolice de me deixar levar, nas quais os empregados sempre me fizeram pagar bem caro a hospitalidade dos senhores. Sempre afetado demais pelos objetos sensíveis, e sobretudo por aqueles que carregavam sinais de prazer ou de dor, de benevolência ou de aversão, deixo-me arrastar por essas impressões exteriores, sem jamais conseguir esquivar-me delas senão pela fuga. Um sinal, um gesto, uma olhada de um desconhecido bastam para perturbar meus prazeres ou acalmar meus sofrimentos. Só pertenço a mim mesmo quando estou só: fora disso, sou o joguete de todos que me cercam.

Quando via em todos os olhos apenas benevolência ou, no pior dos casos, a indiferença daqueles que me desconheciam, eu vivia em sociedade com prazer. Mas hoje, quando é tão difícil mostrar meu rosto para as pessoas quanto esconder meu natural, não posso colocar os pés na rua sem me ver cercado de objetos dilacerantes. Apresso-me em alcançar, a passos largos, o campo; assim que vejo a vegetação, começo a respirar. É surpreendente que eu ame a solidão? Vejo apenas animosidade nos rostos dos homens, ao passo que a natureza sempre me sorri. No entanto, ainda sinto, é preciso confessar, prazer em viver em meio aos homens, contanto que meu rosto lhes seja desconhecido. Mas é prazer que quase não me deixam ter. Há poucos anos, ainda gostava de atravessar as aldeias e ver, pela manhã, os trabalhadores consertarem suas ferramentas ou as mulheres à porta de suas casas com seus filhos. Essa visão tinha algo que tocava meu coração. Por vezes, eu me detinha, sem dar conta, ao olhar as pequenas tarefas dessa boa gente, e suspirava sem saber por quê. Ignoro se me viram sensível a esse pequeno prazer, e se quiseram uma vez mais tirá-lo de mim; mas, pela mudança que percebo nas fisionomias à minha passagem e pelo ar com que sou olhado, sou levado a compreender que se tomou muito cuidado para tirar-me desse anonimato. A mesma coisa aconteceu, e de modo mais marcante ainda, nos Invalides. Esse belo estabelecimento sempre me interessou. Nunca vejo sem enternecimento e veneração esses grupos de bons velhos que podem dizer, como aqueles da Lacedemônia:

Fomos outrora
Jovens, valentes e corajosos.[4]

Uma de minhas caminhadas favoritas era em torno da Escola Militar, e com prazer eu encontrava, aqui e ali, alguns inválidos que, tendo conservado a antiga honestidade militar, saudavam-me ao passar. Essa saudação, que meu coração lhes devolvia centuplicada, lisonjeava-me e aumentava o prazer

---

4 Cf. Plutarco, "Licurgo", *Vidas paralelas*. (N. T.)

Devaneios do caminhante solitário

que tinha ao vê-los. Como não sei esconder nada que me diga respeito, eu falava com frequência dos inválidos e da forma como seu aspecto me afetava. Não foi preciso mais. Depois de algum tempo, percebi que eu não era mais um desconhecido para eles, ou, antes, que era muito mais, pois me viam com os mesmos olhos do público. Sem honestidade, sem saudações. Um ar de repulsa e um olhar feroz sucederam-se às boas maneiras. Como a antiga franqueza de seu ofício não os deixava, como aos demais, recobrir sua animosidade com uma máscara de desprezo e traição, mostravam-me abertamente o mais violento ódio; tamanho é o excesso de minha infelicidade, que sou forçado a dar preferência, em minha estima, àqueles que menos disfarçam seu furor.

Desde então, passeio com menos prazer pelos lados dos Invalides; no entanto, como meus sentimentos por eles não dependem dos seus por mim, sempre vejo com respeito e interesse esses antigos defensores da pátria, mas é bastante difícil ver que sou tão mal retribuído pela justiça que lhes faço. Quando, por acaso, encontro alguém que tenha escapado às instruções comuns, ou que, não conhecendo minha figura, não demonstra nenhuma aversão, a honesta saudação deste único homem compensa a postura rude dos demais. Esqueço-me daqueles para me ocupar apenas dele, e imagino que possua uma alma como a minha, na qual o ódio não poderia penetrar. Tive esse prazer ainda no ano passado, ao atravessar o rio para passear na Île des Cygnes. Um pobre velho inválido aguardava, num barco, companhia para atravessar. Apresentei-me e disse ao barqueiro para partir. A água estava agitada e a travessia foi longa. Eu quase não ousava dirigir a palavra ao inválido por medo de ser maltratado e repelido como de costume, mas seu ar honesto me tranquilizou. Conversamos. Ele me pareceu um homem de bom senso e bons costumes. Fiquei surpreso e encantado por seu tom aberto e afável; eu não estava acostumado a tanta consideração. Minha surpresa cessou quando soube que ele acabara de chegar da província. Compreendi que não lhe tinham ainda mostrado meu rosto e dado suas instruções. Aproveitei esse anonimato para conversar por alguns momentos com o homem, e senti, pela doçura que nele encontrava, quanto a raridade dos prazeres mais comuns é capaz de lhes aumentar o valor. Ao sair do barco, ele preparava seus dois pobres *liards*. Paguei a passagem e supliquei-lhe que guardasse seu dinheiro, temendo zangá-lo. Não ocorreu nada disso; ao contrário, ele parecia sensível à minha atenção, e sobretudo àquela que eu também tive, sendo mais velho que eu, de ajudá-lo a sair do barco. Quem acreditaria que fui tão criança a ponto de chorar? Morri de vontade de colocar uma moeda de 24 soldos em suas mãos para comprar tabaco, mas não ousei fazê-lo. A vergonha que me reteve era a mesma que me impedia frequentemente de fazer boas ações que me teriam enchido de alegria, e das quais só me abstive deplorando minha imbecilidade. Dessa vez, após ter deixado meu velho inválido, logo me consolei ao pensar que teria agido, por assim dizer, contra meus próprios princípios, misturando às coisas honestas um prêmio em dinheiro que degrada sua nobreza e mancha seu desinteresse. É preciso apressar-se em socorrer aqueles que têm necessidade, mas, no comércio ordinário da vida, deixemos a benevolência natural e a urbanidade fazerem cada uma sua obra, sem que jamais nada de venal e de mercantil ouse aproximar-se de uma tão pura fonte para corrompê-la ou para alterá-la. Dizem que, na Holanda, o povo se faz pagar para dizer a hora e mostrar o caminho. Deve ser um povo bastante desprezível aquele que comercializa assim os mais simples deveres da humanidade.

Observei que apenas na Europa se vende a hospitalidade. Em toda a Ásia, as pessoas alojam-nos gratuitamente. Compreendo que lá não encontramos os mesmos confortos, mas não seria melhor poder dizer: "Sou homem e sou recebido entre humanos; é a humanidade pura que me dá abrigo"? As pequenas privações são suportadas sem dificuldade quando o coração é mais bem tratado que o corpo.

Décima caminhada

Hoje, Domingo de Ramos, faz exatos cinquenta anos de meu primeiro contato com a senhora de Warens. Ela tinha 28 anos, nasceu com o século. Eu não completara ainda 17 anos, e meu temperamento nascente, que eu ainda ignorava, alimentava a chama de um coração naturalmente cheio de vida. Se não era surpreendente que ela manifestasse benevolência para com um jovem vivaz, porém doce e modesto, de aparência bastante agradável, era ainda menos surpreendente que uma mulher encantadora, cheia de espírito e graça me inspirasse, além da gratidão, sentimentos mais ternos, que eu era incapaz de identificar. Menos trivial é que esse primeiro momento tenha determinado toda a minha vida e encetado, em um encadeamento inevitável, o destino do resto dos meus dias. Minha alma, cujas mais preciosas faculdades meus órgãos não haviam desenvolvido, não adquirira uma forma definida. Ela aguardava, com uma espécie de impaciência, o momento em que isso acontecesse, mas esse momento, mesmo que acelerado por aquele encontro, não veio tão cedo; e, na simplicidade de costumes que a educação me dera, vi prolongar-se por bastante tempo esse estado delicioso, embora breve, em que o amor e a inocência habitam o mesmo coração. Ela me afastara. Tudo me chamava de volta a ela, foi preciso voltar. Esse retorno fixou meu destino, e muito tempo antes de possuí-la vivi apenas nela e para ela. Ah, se eu tivesse bastado a seu coração como ela bastava ao meu! Que calmos e deliciosos dias teríamos passado juntos! É verdade, passamos alguns dias assim; mas como foram curtos e breves, e que destino sucedeu a eles! Não passa um dia sem que eu me lembre com alegria e enternecimento daquele único e breve momento de minha vida em que fui plenamente eu, sem mistura e sem obstáculo, durante o qual posso dizer que vivi de verdade. Cabem-me as palavras daquele chefe da guarda pretoriana, que, tendo caído em desgraça sob Vespasiano, foi terminar seus dias pacificamente no campo: "Passei setenta anos sobre a terra e vivi sete".[1] Sem esse breve, mas precioso período, talvez tivesse permanecido incerto sobre mim, pois, por todo o resto da minha vida, fraco e sem resistência, fui de tal forma agitado, sacudido, arrastado pelas paixões alheias que, quase passivo numa vida tão tumultuada, teria dificuldade em distinguir o que existe de meu em minha própria conduta, tão grande foi a dura fatalidade que não deixou de pesar sobre mim. Contudo,

---

1 O mesmo episódio aparece na *Carta a Malesherbes*, de 26 de janeiro de 1762, ligeiramente modificado: Similis, cortesão de Trajano, tendo abandonado a corte para viver pacificamente no campo, fez colocarem em sua lápide os seguintes dizeres: *permaneci sessenta e seis anos sobre a terra e vivi apenas sete*. G. Petitain, o editor de Rousseau, chamou a atenção para o erro: Similis foi prefeito sob Adriano, não Vespasiano, nem Trajano. Mas o que importa é o sentido que se quer transmitir: são as experiências vividas que indicam quanto vivemos de fato. (N. T.)

Devaneios do caminhante solitário

durante aqueles poucos anos, amado por uma mulher repleta de complacência e doçura, fiz o que queria fazer, fui o que queria ser e, pelo uso que fiz de meus lazeres, auxiliado por suas lições e seu exemplo, soube dar à minha alma, ainda simples e jovem, a forma que mais lhe convinha e que ela guardou para sempre. O gosto pela solidão e pela contemplação nasceu em meu coração com os sentimentos expansivos e ternos feitos para serem seu alimento. O tumulto e o ruído os comprimem e os sufocam, a calma e a paz os reanimam e os exaltam. Tenho necessidade de recolher-me para amar. Incitei mamãe a viver no campo. Uma casa isolada na encosta de um vale foi nosso asilo, e lá, por quatro ou cinco anos, desfrutei de um século de vida e de uma felicidade pura e plena, que cobre com seu encanto tudo o que meu destino atual tem de terrível. Eu tinha necessidade de uma amiga segundo meu coração; eu a possuía. Desejara o campo; eu o tinha obtido; não podia suportar a sujeição, era completamente livre, até melhor que livre, pois, submetido apenas a minhas afeições, só fazia o que queria fazer. Todo o meu tempo era preenchido por cuidados afetuosos ou ocupações campestres. Não desejava nada além da continuação de um estado tão doce. Meu único sofrimento era o temor de que não durasse muito; e esse temor, nascido do incômodo causado por nossa situação, não era sem fundamento. Desde então, pensei em me proporcionar, ao mesmo tempo, distrações dessa inquietude e recursos para prevenir seu efeito. Pensava que uma provisão de talentos seria o recurso mais seguro contra a miséria, e decidi empregar meu tempo livre colocando-me em condições, se possível fosse, de devolver um dia à melhor das mulheres a assistência que dela recebera.

SOBRE O LIVRO

Formato: 13,7 x 21 cm
Mancha: 23 x 44 paicas
Tipologia: Venetian 301 12,5/16
Papel: Off-white 80 g/m² (miolo)
Cartão Supremo 250 g/m² (capa)
1ª *edição Editora Unesp*: 2022

EQUIPE DE REALIZAÇÃO

Edição de texto
Maísa Kawata (Copidesque)
Tomoe Moroizumi (Revisão)

Capa
Vicente Pimenta

Editoração eletrônica
Eduardo Seiji Seki

Assistência editorial
Alberto Bononi
Gabriel Joppert

Coleção Clássicos

A arte de roubar: Explicada em benefício dos que não são ladrões
D. Dimas Camándula

A construção do mundo histórico nas ciências humanas
Wilhelm Dilthey

A escola da infância
Jan Amos Comenius

A evolução criadora
Henri Bergson

A fábula das abelhas: ou vícios privados, benefícios públicos
Bernard Mandeville

Cartas de Claudio Monteverdi: (1601-1643)
Claudio Monteverdi

Cartas escritas da montanha
Jean-Jacques Rousseau

Categorias
Aristóteles

Ciência e fé — 2ª *edição: Cartas de Galileu sobre o acordo*
do sistema copernicano com a Bíblia
Galileu Galilei

Cinco memórias sobre a instrução pública
Condorcet

Começo conjectural da história humana
Immanuel Kant

Contra os astrólogos
Sexto Empírico

Contra os gramáticos
Sexto Empírico

Contra os retóricos
Sexto Empírico

Conversações com Goethe nos últimos anos de sua vida: 1823-1832
Johann Peter Eckermann

Da Alemanha
Madame de Staël

Da Interpretação
Aristóteles

Da palavra: Livro I — Suma da tradição
Bhartrhari

Dao De Jing: Escritura do Caminho e Escritura da Virtude com os
comentários
do Senhor às Margens do Rio
Laozi

De minha vida: Poesia e verdade
Johann Wolfgang von Goethe

Diálogo ciceroniano
Erasmo de Roterdã

Discurso do método & Ensaios
René Descartes

Draft A do Ensaio sobre o entendimento humano
John Locke

Enciclopédia, ou Dicionário razoado das ciências, das artes e dos ofícios –
Vol. 1: Discurso preliminar e outros textos
Denis Diderot, Jean le Rond d'Alembert

Enciclopédia, ou Dicionário razoado das ciências, das artes e dos ofícios –
Vol. 2: O sistema dos conhecimentos
Denis Diderot, Jean le Rond d'Alembert

Enciclopédia, ou Dicionário razoado das ciências, das artes e dos ofícios –
Vol. 3: Ciências da natureza
Denis Diderot, Jean le Rond d'Alembert

Enciclopédia, ou Dicionário razoado das ciências, das artes e dos ofícios –
Vol. 4: Política
Denis Diderot, Jean le Rond d'Alembert

Enciclopédia, ou Dicionário razoado das ciências, das artes e dos ofícios –
Vol. 5: Sociedade e artes
Denis Diderot, Jean le Rond d'Alembert

Enciclopédia, ou Dicionário razoado das ciências, das artes e dos ofícios –
Vol. 6: Metafísica
Denis Diderot, Jean le Rond d'Alembert

Ensaio sobre a história da sociedade civil / Instituições de filosofia moral
Adam Ferguson

Ensaio sobre a origem dos conhecimentos humanos / Arte de escrever
Étienne Bonnot de Condillac

Ensaios sobre o ensino em geral e o de Matemática em particular
Sylvestre-François Lacroix

Escritos pré-críticos
Immanuel Kant

Exercícios (Askhmata)
Shaftesbury (Anthony Ashley Cooper)

Fisiocracia: Textos selecionados
François Quesnay, Victor Riqueti de Mirabeau, Nicolas
Badeau, Pierre-Paul Le Mercier de la Rivière, Pierre Samuel
Dupont de Nemours

Fragmentos sobre poesia e literatura (1797-1803) / Conversa sobre poesia
Friedrich Schlegel

Hinos homéricos: Tradução, notas e estudo
Wilson A. Ribeiro Jr. (Org.)

*História da Inglaterra — 2ª edição: Da invasão de Júlio César à Revolução
de 1688*
David Hume

História natural
Buffon

História natural da religião
David Hume

Investigações sobre o entendimento humano e sobre os princípios da moral
David Hume

Lições de ética
Immanuel Kant

Lógica para principiantes — 2ª edição
Pedro Abelardo

Metafísica do belo
Arthur Schopenhauer

Monadologia e sociologia: E outros ensaios
Gabriel Tarde

O desespero humano: Doença até a morte
Søren Kierkegaard

O mundo como vontade e como representação – Tomo I - 2ª edição
Arthur Schopenhauer

O mundo como vontade e como representação – Tomo II
Arthur Schopenhauer

O progresso do conhecimento
Francis Bacon

O Sobrinho de Rameau
Denis Diderot

Obras filosóficas
George Berkeley

Os analectos
Confúcio

Os elementos
Euclides

Os judeus e a vida econômica
Werner Sombart

Poesia completa de Yu Xuanji
Yu Xuanji

Rubáiyát: Memória de Omar Khayyám
Omar Khayyám

Tratado da esfera – 2ª edição
Johannes de Sacrobosco

Tratado da natureza humana – 2ª edição: *Uma tentativa de introduzir o método experimental de raciocínio nos assuntos morais*
David Hume

Verbetes políticos da Enciclopédia
Denis Diderot, Jean le Rond d'Alembert

Rua Xavier Curado, 388 • Ipiranga - SP • 04210 100
Tel.: (11) 2063 7000 • Fax: (11) 2061 8709
rettec@rettec.com.br • www.rettec.com.br